Die Novemberrevolution

Norbert Fiks, Jahrgang 1957, ist Journalist und lebt seit 1988 in Leer. Er schreibt Sachbücher zu historischen Themen und Science-Fiction-Storys. Er bloggt unter blog.fiks.de.

Norbert Fiks

Die Novemberrevolution

Leer unter dem Arbeiter- und Soldatenrat

Mitarbeit: Dr. Heiner Schröder

Bibliografische Information der Deutschen Bibliothek
Die Deutsche Bibliothek verzeichnet diese Publikation
in der Deutschen Nationalbibliothek; detaillierte Daten
sind im Internet über http://dnb.ddb.de abrufbar.

Ein MaYa-Buch

© 2007/2018 Norbert Fiks
2., durchgesehene Ausgabe

Herstellung und Verlag: BoD- Books on Demand, Norderstedt
Umschlaggestaltung: N. Fiks, unter Verwendung
einer Ansichtskarte von J. C. Poppinga

ISBN-13: 9783837001235

Inhalt

Inhalt...5

Vorwort...7

Einleitung..9

Die Machtübernahme...15

Räte im Kreisgebiet..23

Das Bürgertum reagiert...25

Die Republik Oldenburg-Ostfriesland..29

Aufgaben des Arbeiter- und Soldatenrats..33

Der Sicherheitsdienst..37

Ein wenig Normalisierung..43

Neue Soldaten in der Stadt...45

Konflikte mit der Bürgerschaft..51

Konflikt mit dem Kreisbauern- und Landarbeiterrat...................................53

Parteienbildung nach dem Krieg..61

Die Wahl zur Nationalversammlung..65

Die Wahl des Bürgervorsteherkollegiums...71

Das Ende des Arbeiter- und Soldatenrats..77

Zusammenfassung..81

Anhang

Lebensmittelunruhen..85

Die Garnison in Leer...91

Zeittafel...95

Bekanntmachung des Arbeiter- und Soldatenrats vom 10.11.1918................99

Verzeichnis der Personen und Gremien...103

Ergebnisse der Wahlen zur Nationalversammlung und
zur Preußischen Landesversammlung...115

Literaturverzeichnis...123

Vorwort

„Der 9. und 10. November werden in unserer Stadt für immer unvergessen bleiben." Nichts beschreibt besser als dieser Satz aus dem Leerer Anzeigeblatt vom 12. November 1918, wie stark die jedermann erkennbaren Umwälzungen in den ersten November-Tagen die Menschen in der ostfriesischen Kleinstadt Leer bewegt haben. Aber er erwies sich schnell als Irrtum. Denn schon im November 1919 war der rote Stimmungsnebel längst verflogen und taugte nur noch für eine Randnotiz in der örtlichen Presse: „Ruhiger fast als jeder andere Tag ist in unserer Stadt der Jahrestag der Revolution verlaufen".

Heute, ein Jahrhundert später, erinnert in der Stadt nichts mehr an jene aufregenden Wochen unmittelbar nach Ende des Ersten Weltkriegs, um die es in diesem Text geht. Er versteht sich in erster Linie als Spurensicherung. Er soll helfen, die Ereignisse, die zwischen diesen beiden Zitaten liegen, vor dem Vergessen zu bewahren und ihren Stellenwert in der städtischen Geschichte zu ergründen. Gleichzeitig kann die Darstellung der örtlichen Ereignisse auch einen kleinen Beitrag zum Verständnis des Revolutionsverlaufs insgesamt liefern.

Die Novemberrevolution ist zurecht als eine der folgenreichsten Zäsuren der jüngsten deutschen Vergangenheit bezeichnet worden. Dem deutschen Volk bot sich nach dem Zusammenbruch des monarchistischen Obrigkeitsstaats erstmals die Chance, die Zukunft frei nach demokratischen Prinzipien zu gestalten. Den Menschen war bewusst, dass sie an der „Gestaltung des neuen Vaterlandes" mitwirkten, es muss eine ganz besondere Spannung und Aufregung in der Stadt geherrscht haben, die wir heute nicht mehr nachempfinden können. Die Chance haben die Menschen nicht genutzt oder nicht nutzen können, nur 14 Jahre später herrschte der Nationalsozialismus, der in besonderem Maße daran beteiligt war, die Revolution und ihre Errungenschaften in Misskredit zu bringen und zu verraten.

Auf eine umfassende Darstellung der überregionalen Ereignisse wurde verzichtet. Die Beschränkung auf eine allgemeine Einführung und gelegentliche Verweise auf das, was andernorts geschah, ist nicht nur in

der Arbeitsökonomie begründet: Es zeigt sich nämlich, dass die über-
regional bedeutsamen Ereignisse – sei es der Austritt der Unabhängigen Sozialdemokraten aus dem Rat der Volksbeauftragten am 29. Dezember 1918 oder die Ermordung von Karl Liebknecht und Rosa Luxemburg am 15. Januar 1919 – sich nicht erkennbar in der örtlichen
Politik niederschlugen, gleichwohl darüber ausführlich in der lokalen
Presse berichtet wurde.

Hier ist auch nicht der Ort, auf die Forschungsgeschichte einzugehen
oder die Diskussion darüber, ob Deutschland in den Novembertagen
1918 tatsächlich eine Revolution erlebt hat, auch nur zu skizzieren. Im
Verständnis der Zeitgenossen war es eine, von Beginn an ist sogar von
einer „deutschen Revolution" die Rede. Das rechtfertigt die Verwendung des Begriffs; auf eine Definition des Revolutionsbegriffs wird
verzichtet.

Es ist versucht worden, alle mit einem vertretbaren Aufwand erreich-
baren Quellen heranzuziehen und auszuwerten. Dennoch lässt sich ein
einseitiger Blick auf die Ereignisse nicht vermeiden. Die Darstellung
beruht größtenteils auf den Akten der Stadtverwaltung von Leer und
des Regierungspräsidenten in Aurich sowie den Berichten der beiden
örtlichen Zeitungen, dem liberalen „Leerer Anzeigeblatt" (LAB) und
dem konservativen „Allgemeinen Anzeiger für Ostfriesland" (AA).
Der Arbeiter- und Soldatenrat hat so gut wie keine eigenen Dokumente hinterlassen. Was noch vorhanden ist, stammt aus den Behördenak-
ten und bezieht sich fast ausschließlich auf den Geschäftsverkehr zwischen dem Rat und der städtischen Verwaltung.

*

In der 2., durchgesehene Ausgabe zum 100. Jahrestag der Novemberrevolution sind gegenüber der Erstveröffentlichung nur einige kosme-
tischen Änderungen vorgenommen worden.

Einleitung

Von Dr. Heiner Schröder

Im August 1918 geht der Erste Weltkrieg in sein fünftes Jahr. Die Deutschen leiden. Sie hungern, vor allem in den Städten. Unter diesen Umständen grassieren Schleichhandel und Wucher. Hinzu kommt der unvermeidliche Unterschied in der Lebensmittelversorgung zwischen der Masse der Städter und der Landbevölkerung. 2280 Kalorien hat das Reichsgesundheitsamt als Mindestbedarf pro Tag festgesetzt, im Sommer 1917 reichen die rationierten Lebensmittel nur noch für 1000 Kalorien.

Trotz wachsender Kriegsmüdigkeit gibt es nur vereinzelt Zweifel daran, dass der Krieg zu einem guten Ende für das deutsche Kaiserreich führt. Solange das der Fall ist, stellt kaum jemand die Monarchie in Frage. Die Soldaten stehen tief in Frankreich, sind trotz jahrelangen Grabenkriegs immer noch nur einige Tagesmärsche von der Hauptstadt Paris entfernt. Drei Offensiven seit Beginn des Jahres haben die Truppen näher an ihr Ziel gebracht, auch wenn es nie erreicht wird. Eine vierte Offensive soll die Entscheidung erzwingen. Aber bevor es dazu kommt, reißen die Alliierten die militärische Initiative an sich. Sie greifen am 8. August 1918 mit Tanks, den ersten Panzerwagen, an und durchbrechen die deutschen Linien. Zwar gelingt es den deutschen Truppen mit Mühe, die Lücke zu schließen. Aber von Offensive spricht in der Heeresleitung unter den Generälen Hindenburg und Ludendorff niemand mehr. Das Eingreifen der Amerikaner bringt die Einsicht, dass der Krieg verloren ist. In seinen Erinnerungen schreibt Ludendorff: „Der Krieg war zu beendigen."

Aber im September spitzt sich die militärische Lage durch den Zusammenbruch der deutschen Verbündeten derartig zu, dass die Armeeleitung von der Politik den Waffenstillstand fordert. In der Hoffnung auf einen „gerechten" Frieden erfüllt das die Forderung von US-Präsident Wilson nach einer Demokratisierung. Schon im Januar 1918 hat Wilson 14 Punkte genannt, die für einen dauerhaften Frieden erfüllt sein müssen. Wilson ist überzeugt, dass ein solcher Friede nur wischen Staaten möglich ist, „deren Regierungen Ausdruck der Volksmeinung seien". Das ist in Deutschland noch nicht der Fall. Für das Deutsche Reich bedeutet das: Wenn es den Krieg beenden will, muss es ein parlamentarisches Regierungssystem einführen und das Dreiklassenwahlrecht in Preußen abschaffen.

Sogar Ludendorff erhebt angesichts der aussichtslosen militärischen Lage diese Forderung. Tatsächlich gesteht das preußische Herrenhaus dem Volk das allgemeine und gleiche Wahlrecht zu, Reichskanzler Georg Graf von Hertling tritt am 3. Oktober 1918 zurück, der Liberale Prinz Max von Baden wird sein Nachfolger, mit Philipp Scheidemann rückt erstmals ein Sozialdemokrat als Staatssekretär in die Regierung, der Gewerkschaftsführer Gustav Bauer wird Leiter des neugebildeten Reichsarbeitsamtes. Die gemäßigten Spitzen der Mehrheits-SPD und der Gewerkschaften haben damit ihr Ziel erreicht. Sie wollen keine Revolution, sondern eine parlamentarische Demokratie mit einem Monarchen.

All das geschieht aber unter dem Eindruck der militärischen Niederlage. Direkt nach dem Amtsantritt des neuen Reichskanzlers informiert die Oberste Heeresleitung über die militärische Situation, diesmal ohne die Illusionen, die bislang aufrechterhalten worden sind, um den Kriegswillen der Bevölkerung nicht zu schwächen. Am 4. Oktober 1918 geht das deutsche Waffenstillstandsgesuch an die Alliierten heraus, die sich Zeit lassen und erst am 23. Oktober antworten. Denn jeder Tag verändert die Kriegslage zu Gunsten der Alliierten. Die amerikanische Antwort ist praktisch die Forderung nach einer Kapitulation. Das geht der Obersten Heeresleitung plötzlich zu weit. Sie lehnt die Kapitulation ab. Die Konsequenz: Die Monarchie hat den Krieg begonnen, die Demokratie muss ihn beenden.

Erst in dieser Phase, Ende Oktober 1918, beginnen die Prozesse, die in Deutschland eine Revolution auslösen. Eine Woche nach der Kapitulationsforderung der Alliierten befiehlt die Leitung der Marine, die Entscheidungsschlacht in einem bereits verlorenen Krieg zu suchen. Kaiser Wilhelm II. billigt diese Entscheidung, die neue Regierung nicht. Auch die Soldaten weigern sich. Denn im Unterschied zum Heer, das in jahrelangen Grabenkämpfen eine besondere Kameradschaft entwickelt hat und in dem offenbar ein zumindest respektvolles Verhältnis zwischen Soldaten und Offizieren besteht, gibt es in der Marine Spannungen. Jahrelang lagen die kaiserlichen Schiffe praktisch tatenlos in den Häfen, der Alltag auf den Schiffen war langweilig, die Privilegien der Offiziere wirkten sich verheerend auf die Stimmung aus. Nur so ist zu erklären, dass im Kriegshafen Wilhelmshaven Matrosen die Befehle zum Auslaufen verweigern. Es gibt Auseinandersetzungen, noch einmal setzen sich die Offiziere durch, sie lassen die Meuterer festnehmen. Aber die Entwicklungen können sie nicht mehr stoppen.

Am 3. November 1918 verlangen die Besatzungen der in Kiel liegenden Kriegsschiffe die Freilassung ihrer Kameraden in Wilhelmshaven. Sie verbinden damit keine politischen Forderungen, sondern wollen nur Verbesserungen im dienstlichen Alltag. Sie organisieren eine Demonstration an Land und suchen den Kontakt mit der Garnison und den Werftarbeitern. Dabei kommt es offensichtlich zu einer Politisierung der Matrosen. Die Lage spitzt sich zu, als es beim Zusammenstoß mit einer Militärpatrouille Tote gibt. Auch der Offizier, der die Patrouille anführt, stirbt.

Für die aufbegehrenden Soldaten gibt es jetzt kein Zurück mehr. Einen Tag später wehen auf den Kieler Schiffen die roten Fahnen, die Einheiten wählen aus ihrer Mitte ein kollegiales Gremium, das sie nach dem Vorbild der russischen Räte (Sowjets) Soldatenrat nennen. Am 5. November wird ein Arbeiterrat aus den Obleuten der Kieler Großbetriebe, aus 14 Vorstandsmitgliedern der beiden sozialistischen Parteien USPD und Mehrheits-SPD und dem Vorsitzenden des Gewerkschaftskartells gebildet.

Die Bewegung ist nicht geplant. Mehr oder weniger spontan bilden sich in der Umgebung von Kiel und dann im ganzen Norden Arbeiter- und Soldatenräte. Am 6. November gibt es sie in Kiel, Hamburg, Bremen, Lübeck, Wilhelmshaven, Emden und anderen größeren Städten. Leer gehört zu den zahllosen Orten, in denen am 8. und 9. November

1918 Arbeiter- und Soldatenräte entstehen. Die SPD spürt, was sich im Norden anbahnt. Die Parteizentrale schickt ihren Militärfachmann Gustav Noske nach Kiel. Er kann die Arbeiter und Soldaten aber nicht davon überzeugen, die Entscheidungen der neuen Regierung anzuerkennen. Noske lenkt ein und erkennt den Kieler Rat als „provisorische Leitung für Schleswig-Holstein" an. Die Taktik ist vorerst erfolgreich: Der Abgesandte aus Berlin wird von den Vertrauensleuten der Kieler Schiffe zum Gouverneur gewählt.

Schon in der Anfangsphase wollen die Arbeiter- und Soldatenräte keine gesamtgesellschaftlichen Veränderungen. Ihnen geht es vorrangig um eine tiefgreifende Reform des Militärapparats und darum, Ruhe und Ordnung in der Bevölkerung wiederherzustellen. Davon zeugen die in diesen Tagen vorgelegten Forderungskataloge. Als die Friedensbedingungen der Alliierten bekannt werden und eine Welle der nationalen Empörung durch das einige Wochen vorher noch siegessichere Deutschland rollt, marschieren die meisten Arbeiter- und Soldatenräte vorneweg. „Vaterlandslose Gesellen", wie der Kaiser einst die organisierten Arbeiter im Kaiserreich nannte, sind die Mitglieder der deutschen Arbeiter- und Soldatenräte in ihrer ganz überwiegenden Mehrzahl nicht.

Die kaiserliche Verwaltung leistet der Bewegung kaum Widerstand. „Ich hätte nie für möglich gehalten, dass diese Leute so glatt umfallen", kommentiert Scheidemann in einer Sitzung des engeren Kriegskabinetts die Haltung der Beamtenschaft. Meist unterstellen sich die kommunalen Verwaltungsspitzen schnell den Arbeiter- und Soldatenräten. Selbst die besonders kaisertreue Polizei Berlins widersetzt sich nicht.

Kaiser Wilhelm II. muss unter dem Druck der Öffentlichkeit und der Armee zurücktreten. Zwar zögert er, aber Reichskanzler von Baden verkündet einfach am 9. November die Abdankung des Monarchen, der in die Niederlande ins Exil geht.

Noch am selben Tag überträgt von Baden dem Vorsitzenden der Sozialdemokratischen Partei Deutschlands, Friedrich Ebert, das Amt des Reichskanzlers. Eine spontane Handlung von Badens, die nicht durch die Verfassung legitimiert ist. Die Sozialdemokratie hat die Macht in Deutschland übernommen, oder besser: verliehen bekommen. Das ist die eigentliche Revolution dieser Tage, der lautlose Übergang zur Demokratie, repräsentiert von den nur wenige Jahre vorher staatlich verfolgten Sozialdemokraten. Führende Politiker von Mehrheits-SPD und USPD bilden den Rat der Volksbeauftragten, eine Art Übergangsregierung, die gleich die Annahme der Waffenstillstandsbedingungen billigen muss.

Die Mehrheits-SPD hat starken Rückhalt in der Rätebewegung. Das zeigen die Tage zwischen dem 16. und 21. Dezember 1918. Beim Ersten Allgemeinen Kongress der Arbeiter- und Soldatenräte in Berlin sind rund 300 der 514 Delegierten aus ganz Deutschland Mehrheitssozialdemokraten. Der Kongress entscheidet sich daher für eine frühe Wahl der Nationalversammlung und gegen eine von radikalen Kräften in der USPD geforderte Räterepublik. Damit liegen die Arbeiter- und Soldatenräte auf der Linie der Reichsregierung unter Reichskanzler Ebert.

Die Reform des Militärapparats, die am Anfang der deutschen Revolution stand, verliert im Laufe der dramatischen Wochen zwischen Oktober 1918 und dem Frühjahr 1919 an Bedeutung. Zwar beschließt der Rätekongress in Berlin mit den Stimmen der Mehrheits-SPD die so genannten Hamburger Punkte, die unter anderem die Wahl der militärischen Führer durch die Soldaten und die Abschaffung der Rangabzeichen fordern. Aber die Regierung Ebert folgt der neuen Reichswehrspitze, die das ablehnt. Im Gesetz über die Bildung einer vorläufigen Reichswehr vom 6. März 1919 tauchen die Forderungen der Soldaten überhaupt nicht mehr auf. Zu dieser Zeit spielen die Arbeiter- und Soldatenräte in der sich formierenden Weimarer Republik längst keine Rolle mehr.

Die Machtübernahme

Die Revolution kommt aus Emden nach Leer. Am Abend des 8. oder im Laufe des 9. November 1918 quartieren sich 20 Delegierte des Arbeiter- und Soldatenrats Emden „zur Veranstaltung der Revolution" im Hotel Erbgroßherzog in der Mühlenstraße ein. Gastwirt Buschmann wird der Stadt für den mehrtägigen Aufenthalt später eine Rechnung über 752 Mark präsentieren.

In der Stadt Emden, die während des Krieges zu einem für den militärischen Küstenschutz wichtigen Marine-Stützpunkt ausgebaut wurde, hat sich der Soldatenrat bereits am 6. November zunächst unbemerkt von der Öffentlichkeit gebildet, gleichzeitig mit dem Soldatenrat in Wilhelmshaven. Am 8. November tritt der Emder Arbeiter- und Soldatenrat erstmals an die Öffentlichkeit und übernimmt, wie es in einer am selben Tag veröffentlichten amtlichen Bekanntmachung heißt, „die vollziehende Gewalt" in der Stadt.

Die Anwesenheit der Emder Soldaten in der Stadt, die Nachrichten über die Ausbreitung der „deutschen Revolution", wie ein Artikel im Leerer Anzeigeblatt am 9. November, einem Sonnabend, überschrieben ist, die Unsicherheit über den erwarteten Waffenstillstand, die aus Emden, Wilhelmshaven und Oldenburg sickernden Informationen und Gerüchte sorgen für Unruhe in Leer. Vielleicht hat sich in der kleinen Garnison, die aus dem Landsturm-Ersatzinfanteriebataillon X/23 und einem Reservelazarett besteht, schon ein Soldatenrat gebildet. Bürgermeister Emil Helms und der Vorsitzende des Bürgervorsteherkollegiums, Bürgerworthalter Dr. Heinrich Klasen, warnen davor, „haltlose(n) Gerüchte(n)" Glauben zu schenken. Sie appellieren in einer ebenfalls am 9. November erscheinenden Zeitungsanzeige an die Bevölkerung, „Ruhe und Ordnung" aufrechtzuerhalten.

Das von Dettmer Heinrich Zopfs herausgegebene Leerer Anzeigeblatt stößt ebenfalls am 9. November ins gleiche Horn: „Ruhe ist die erste Bürgerpflicht", laute „das Gebot der Stunde", das „strengstens zu beachten" sei. Man hat noch die Hoffnung, dass der Kelch der Revolution an der ostfriesischen Kleinstadt vorbeigeht, dass die „Umbildung der Dinge" woanders stattfindet: „Vielleicht werden wir hier nichts merken", macht Zopfs seinen Lesern Mut. Aber die Unsicherheit ist greifbar: „Sollte es aber doch sein, daß irgendwelche soldatisch-militärischen Ereignisse eintreten, so wird die Bürgerschaft in keiner Weise davon betroffen sein."

Die Appelle an „unsere Einwohner in Leer und Leser dieser Zeilen. . ., sich durch nichts beirren zu lassen und die Ruhe zu bewahren", sind angesichts der Kraft der Revolution nicht mehr als ein zaghafter Versuch der Gegenwehr. Noch am selben Nachmittag nämlich versammelt sich laut LAB „am Kriegerdenkmal, wo am Flaggenmast ein winziges rotes Fähnchen wehte, eine große Menschenmenge". Neben einem Matrosen namens Kampen, angeblich aus Wilhelmshaven, der einen Forderungskatalog vorstellt, wie er ähnlich auch in anderen Städten verabschiedet wurde, spricht der Vorsitzende des örtlichen Gewerkschaftskartells, der Tischlergeselle Conrad Bruns. Auch er dringt darauf, „vor allen Dingen auf Ruhe und Ordnung" zu sehen. Nach der Kundgebung ziehen Soldaten und Arbeiter „unter Vorantritt der Regimentskapelle" zum Garnisonskommando in der Heisfelder Straße und legen die Forderungen vor, denen sich der Garnisonsälteste, Major Leo, beugt. Damit gibt Leo die vollständige Exekutivgewalt in der Stadt, die wegen des herrschenden Kriegsrechts allein beim Militär, genau gesagt beim stellvertretenden kommandierenden General des X. Armeekorps in Hannover liegt, aus der Hand. Eine Wahl hat Leo nicht: Weder er noch andere Abteilungen des Heimatheeres verfügen über Machtmittel, um sich den Ansprüchen der Aufständischen zu widersetzen.

Am Abend gibt es im Stammlokal der Leeraner Sozialdemokraten, dem Fischer'schen Saal an der Wörde, eine „stark besuchte Versammlung". Auf ihr wird in einer nicht mehr nachvollziehbaren Prozedur ein neunköpfiger Arbeiterrat gebildet. Vorsitzender wird der schon erwähnte Gewerkschafter Conrad Bruns. Die weiteren Mitglieder sind die Arbeiter Hinderk Buß, der Prokurist Johann Boelsen, der Former Poppe Bonk, der Kaufmann und Fabrikant Engelke Eimers, L. Gronewold, der Konsum-Geschäftsführer Rudolf Heyer, der Arbeiter Hugo

Himmelstoß und der Kaufmann Theodor Matthies. In dieser Zusammensetzung bleibt der Arbeiterrat offenbar unverändert bis zu seinem Ende bestehen.

Ganz anders ist die Situation beim vermutlich achtköpfigen Soldatenrat. Der genaue Gründungszeitpunkt ist unbekannt. Das Gleiche gilt für die Zusammensetzung, die sich durch die Mitte November beginnende Demobilisierung und die Einquartierung von Truppen des Feldheeres ab Anfang Dezember mehrfach ändert. Ebenso wenig lässt sich die Identität der Mitglieder eindeutig feststellen. Ein Großteil der genannten Namen, wie der des Vorsitzenden Saalfelder, ist in Ostfriesland nicht gebräuchlich; es scheinen auswärtige Soldaten zu sein. In übrigen Fällen fehlen weitere Hinweise für eine Identifizierung. So bleibt auch die soziale Zusammensetzung offen. Es ist deshalb nur eine Vermutung, die auf Kenntnissen der beruflichen Zusammensetzung anderer Heereseinheiten beruht, dass die Mannschaften und das mittlere Führungskorps in Leer hauptsächlich aus Angehörigen bürgerlicher Schichten bestehen.

Auch dem Arbeiterrat gehören nicht nur Arbeiter an. Damit gleicht der Arbeiterrat Leer in der Zusammensetzung wie in der Art seiner Bildung anderen Räten in kleinen und mittleren Städten abseits der industriellen Ballungszentren. In den Hochburgen der Arbeiterbewegung bestimmen die Machtverhältnisse zwischen SPD und USPD die Zusammensetzung der Räte. Wo die Arbeiter aber schwach organisiert sind oder wo es, wie in Leer, noch nicht einmal einen SPD-Ortsverein, sondern nur einen sozialdemokratischen Wahlverein gibt, liegt die Initiative für die Rätebildung oft bei der Gewerkschaftsbürokratie und werden auch Nichtsozialisten in die Räte gewählt. Bei einer solchen vielschichtigen Zusammensetzung, die eine einheitliche politische Ausrichtung von vornherein ausschließt, ist das Urteil der bürgerlichen Presse, dass die Forderungen der Räte nicht „von einem radikalen bolschewistischen Geiste getragen" sind, nicht weiter verwunderlich.

Wie in anderen Städten wird vom ASR Leer ein Forderungskatalog (Seite 99) verabschiedet. Darin werden in erster Linie Militärreformen wie das Recht auf politische Betätigung außerhalb des Dienstes, die Aufhebung der Grußpflicht und das Ende von Offizier5privilegien verlangt. Daneben werden meist grob die Aufgaben und Kompetenzen des ASR festgelegt, wobei der zentrale Punkt die Übernahme der militärischen und zivilen Gewalt ist. Ein bestimmtes Konzept ist dahinter nicht erkennbar, es handelt sich nicht um eine programmatische Erklärung, sondern um ein Sammelsurium von Forderungen und Informationen. Sie tragen deutlich die Handschrift der Improvisation, niemand hat Zeit für lange Diskussionen, nichts ist vorbereitet.

In Leer wie in Emden fehlen die wenigen politischen Forderungen, wie die nach der „vollständigen Presse- und Redefreiheit", die wenige Tage zuvor noch die Kieler und Wilhelmshavener Soldaten erhoben haben. Stattdessen werden „alle Maßnahmen zum Schutz des Privateigentums" versprochen.

Der Forderungskatalog umfasst 20 Punkte. Diese sind, bis auf eine Ausnahme, Wort für Wort identisch mit den Forderungen der Emder Arbeiter und Soldaten. Es kann, bedenkt man auch die mehrfach ausdrücklich erwähnte Anwesenheit Emder Matrosen in den Revolutionstagen, keinen Zweifel daran geben, dass diese den Anstoß zur Bildung des ASR Leer gegeben haben und nicht, wie bisher angenommen, Soldaten aus Wilhelmshaven. Vergleicht man den Leeraner beziehungsweise Emder Forderungskatalog mit dem der Soldaten in Kiel und Wilhelmshaven, so zeigt sich, dass die Übereinstimmung mit Kiel sogar viel größer ist als mit Wilhelmshaven. Der Einfluss, den der Wilhelmshavener ASR auf die revolutionäre Entwicklung in Ostfriesland genommen hat, ist offenbar viel geringer gewesen, als die räumliche Nähe erwarten lässt.

Was sich am 10. November, einem Sonntag, in Leer abspielt, schildert das Leerer Anzeigeblatt in seiner Montagsausgabe voller Pathos: „Am Sonntag vormittag erschienen hier mehrere Matrosen unter Gewehr, die auf dem Rathause das Aufziehen der roten Fahne veranlaßten. Für den Nachmittag war eine Volksversammlung nach dem Rathausplatze einberufen. Um 5 Uhr hatte sich dort eine nach hunderten zählende Menge eingefunden. Vorher hatte eine Zusammenkunft des

A.- und S.-Rates mit den Magistratsmitgliedern stattgefunden. Bürgermeister Helms betonte in einer Ansprache, daß Stadt- und Kreisverwaltung sich der neuen Ordnung gefügt hätten. Auch unter dem A.- und S.-Rat werde alles wie bisher geschehen, was zum Wohle der Allgemeinheit erforderlich sei. Die Ansprache schloß mit einem Hoch auf das Blühen und Gedeihen des neuen Vaterlandes. Der Vorsitzende der Gewerkschaften C. Bruns führte dann nochmals die Forderungen an, die zu erfüllen seien. Man dürfe aber nicht denken, daß das von heute auf morgen der Fall sei. Vorläufig müsse alles so bleiben, wie es bisher gewesen. Besonders auch die Lebensmittelversorgung müsse unverändert vor sich gehen. Bis zur Schaffung neuer Gesetze müßten die alten in Kraft bleiben... Die beiden letzten Tage erinnerten in mancher Weise an die ersten Tage des Krieges. Große Menschenmengen bewegten sich durch die Straßen. Besonders am Sonntagabend, wo gleichzeitig mit der Zusammenkunft vor dem Rathause die Bekanntgabe der Waffenstillstandsbedingungen erfolgte, flutete eine riesige Menschenmenge in den Straßen auf und ab. Und die Erregung über die harten Bedingungen der Feinde pflanzte sich von Mund zu Mund in lebhafter Weise fort. Der 9. und 10. November werden in unserer Stadt für immer unvergessen bleiben."

Die Machtübernahme verläuft reibungslos und unspektakulär. Bürgermeister Erich Helms und Landrat Ludwig Kleine, der am Tag zuvor Vater einer Tochter geworden ist, fügen sich wie Major Leo den Verhältnissen, nachdem die Abdankung des Kaisers und die Ausrufung der Republik am Vortag bekannt geworden sind. Angesichts der Unsicherheit und Entschlusslosigkeit der Staats- und Militärorgane und fehlender Instruktionen von übergeordneten Stellen haben sie vermutlich nicht einmal an Widerstand gedacht, sondern sich dem Schicksal ergeben. Andererseits hat aber auch die Arbeiterschaft kaum eine andere Wahl, als die Verantwortung zu übernehmen, obwohl sie darauf weder organisatorisch noch personell vorbereitet ist. Ein Zusammenbruch der Zivilverwaltung hätte den Zusammenbruch der Lebensmittel- und Energieversorgung zur Folge gehabt, die kriegsbedingt ohnehin schlecht war.

Als ausführendes Organ setzt der ASR einen hauptamtlichen, also bezahlten „engeren Ausschuß" ein, der später auch Hauptausschuss oder 5er-Rat genannt wird. Er besteht je zur Hälfte aus Mitgliedern des Soldaten- und des Arbeiterrates. Es sind dies der Vorsitzende des Soldatenrats, Vizefeldwebel Saalfelder, der Unteroffizier Polodzek und Landsturmmann Heinrich Kempen sowie Arbeiterratsvorsitzender Conrad Bruns, Hugo Himmelstoß und, als einziges ehrenamtliches Mitglied, Engelke Eimers, der Vorsitzende der Lebensmittelkommission.

Ausdrücklich dem engeren Ausschuss zugerechnet wird Major Leo. Die gleiche Regelung ist in Emden zwischen dem ASR und dem dortigen Garnisonsältesten Freiherr von Hanstein getroffen worden. Die Parallelität deutet auf ein gemeinsames Vorgehen hin, um den Einfluss auf die Truppe nicht zu verlieren, und ist möglicherweise von höherer Ebene veranlasst worden. Auch andernorts gibt es Bestrebungen der militärischen Befehlshaber, „zur Aufrechterhaltung der öffentlichen Ordnung" mit den Aufständischen zu paktieren und den Garnisonsältesten an die Spitze der Räte zu stellen, nachdem erkannt worden ist, dass der Umsturz nicht mehr aufzuhalten ist. In Leer kann es sich dabei nur um eine Formalität gehandelt haben, denn Major Leo tritt im weiteren Verlauf der Ereignisse nicht mehr in Erscheinung. Mitte Dezember wird er als Garnisonsältester durch einen ranghöheren Offizier des zurückkehrendes Feldheeres abgelöst.

Noch am Sonntagabend wird die Bevölkerung mit einem Flugblatt darüber informiert, dass der ASR zusammen mit dem Garnisonsältesten die militärische und die polizeiliche Gewalt in der Stadt ausübt, der sich auch Zivilpersonen beugen müssen. Die Mitglieder des ASR weisen sich durch eine „mit dem Stempel des Garnisonskommandos und des Arbeiter- und Soldatenrats versehene weiße Binde" aus, die sie am linken Oberarm tragen. Die städtische Verwaltung ebenso wie die Kreisverwaltung werden vom Arbeiter- und Soldatenrat kontrolliert, ohne seine Genehmigung geht nichts mehr. Nach einer internen Verfügung des Bürgermeisters an die städtischen Abteilungsleiter, die Sparkasse sowie die Elektrizitäts-, Gas- und Wasserwerke vom

11. November sind dem Arbeiter- und Soldatenrat sämtliche amtlichen Bekanntmachungen „in Reinschrift" vorzulegen, bevor sie in den beiden Lokalzeitungen, Leerer Anzeigeblatt und Allgemeiner Anzeiger, veröffentlicht werden.

Als eine seiner ersten Maßnahmen verfügt der ASR, dem der Magistrat ein Büro neben dem kleinen Sitzungssaal im Leeraner Rathaus zur Verfügung gestellt hat, die Einziehung und Aufbewahrung aller Waffen und weist die städtische Polizei an, „täglich um 11 Uhr" einen Bericht „über den Sicherheitsdienst" vorzulegen. Falls dies in der geforderten Form geschehen ist, sind die Berichte bis auf eine Ausnahme verloren: Am 17. November nimmt der städtische Wachtmeister Tebbe Terveen zwei Arbeiter fest, weil sie von einem Proviantzug ein Fass mit 20 Litern Kognak gestohlen haben.

Der Arbeiter- und Soldatenrat Leer verwendete diesen Stempel. Er zeigt in der Mitte als Bildmotiv einen Händedruck. Dabei sind die Hände um 180 Grad gedreht abgebildet, der Daumen der einen Hand zeigt deutlich erkennbar nach unten, die Finger der anderen Hand nach oben. Das Motiv der falschen Hände taucht auch in Stempeln anderer Arbeiter- und Soldatenräte auf, so in Aurich und in Hamburg-Altona.

Weiter legt der ASR fest, dass Arbeitnehmern, die an Demonstrationen teilnehmen, Delegierte des ASR oder Mitglieder der Lebensmittelkommission sind, Verdienstausfall zu zahlen ist. Ob letztere Forderung bei den Arbeitgebern durchgesetzt werden kann, ist nicht bekannt.

Es dauert einige Tage, bis die staatlichen Organe auf die Umwälzungen reagieren, da sie selbst in den Prozess eingebunden sind und sich neu formieren. Am 14. November erhält der Leeraner Magistrat vom Regierungspräsidenten in Aurich ein erstes „Telegramm aus Berlin" vom Vortag. Darin regelt die preußische Regierung die Zusammenarbeit der Behörden mit den Arbeiter- und Soldatenräten, die als Kontrollinstanz „zu allen wichtigeren Verhandlungen zuzuziehen sind". Weitere Anordnungen betreffen das Verbot von Eingriffen öffentliche Kassen, erklären die Absetzung von kommunalen Amtsinhabern, die verschiedentlich vorgekommen ist, für illegal und verbieten jede Einmischung in die Unabhängigkeit der Gerichte.

Am 16. November wird schließlich von der Regierung in Berlin festgelegt, dass die öffentlichen Kassen die Entschädigungen für die für sie zuständigen ASR-Mitglieder zu zahlen haben. ASR, Stadt und Kreis einigen sich in Leer zunächst darauf, dass die Stadt ein Drittel und der Kreis zwei Drittel der anfangs auf 3000 Mark monatlich geschätzten Kosten übernehmen; später wird der Anteil der Stadt auf ein Viertel verringert und der des Kreises entsprechend heraufgesetzt. Im Gegenzug erstellt der ASR eine monatliche Kostenübersicht.

Die staatliche Bürokratie gewinnt nach einigen Tagen der Tatenlosigkeit schnell wieder die Oberhand und schafft es, die Räte in den überkommenen Verwaltungsapparat, der kaum personelle Veränderungen erfahren hat, einzubinden. Der ASR handelt nicht mehr aus „eigenem Ermessen und eigener Machtvollkommenheit", wie noch am 10. November propagiert, sondern auf Grund von Erlassen und Verordnungen aus dem preußischen Innenministerium.

Tatsächlich hört die Verwaltung in Leer – wie auch anderswo – nie auf zu arbeiten und zu funktionieren. Die Arbeiterschaft, die nirgends organisatorisch auf einen Umsturz eingestellt ist, verfügt überhaupt nicht über die Fachleute, die notwendig sind, eine Verwaltung zu führen. Es gibt nur wenige Fälle, in denen ein ASR wie in Wilhelmshaven versucht, parallel zur kommunalen Verwaltung eine eigene Struktur aufzubauen. In Leer lässt der ASR alles beim Alten und vertraut auf die politische Neutralität der Verwaltung, auf die er angewiesen ist.

Räte im Kreisgebiet

Gleichzeitig mit dem ASR in Leer entstehen Arbeiter- und Soldatenräte in einigen umliegenden Gemeinden des heutigen Landkreises Leer; 1919 ist das Rheiderland ein selbständiger Kreis, und einige im Norden gelegene Gemeinden gehören noch zu den Kreisen Aurich und Emden. Das heißt nicht, dass es dort überall überhaupt (Indu-strie-) Arbeiter, geschweige denn Soldaten gibt. Nachweisbar Einfluss nehmen die Leeraner auf die Gründung des ASR Weener; Leer entsendet drei Delegierte. In der Kreisstadt des Rheiderlands übernimmt eine dort stationierte Kompanie des Leeraner Landsturmbataillons die Gewalt. Der ASR Weener besteht bis Ende März 1919. Räte entstehen auch in Loga, Neermoor, Warsingsfehn und Steenfelde sowie, schon auf Emder Kreisgebiet, in Tergast und Rorichum, in Gandersum und in Oldersum. Die Liste ist sicher nicht komplett, aber die Existenz der örtlichen Räte schlägt sich nur in ein paar spärlichen Zeitungsnotizen wieder. Vom Logaer (Land-) Arbeiterrat ist immerhin der Name des Vorsitzenden bekannt. Er heißt Loert Blank.

An der Ratsgründung in Neermoor sind Emder beteiligt. Der ASR in Leer, der selbst mit Unterstützung aus Emden aus der Taufe gehoben worden ist, verbittet sich diese „Einmischung des Emder Arbeiter- und Soldatenrates in die Angelegenheiten des Kreises Leer" und unterstreicht als ASR der Kreisstadt damit gleichzeitig den Anspruch der Alleinzuständigkeit für das gesamte Kreisgebiet. An eine Beteiligung der ländlichen ASR wird anscheinend nie gedacht. Ob diese überhaupt arbeitsfähig waren, lässt sich höchstens indirekt erschließen. Denn in den schon genannten Orten, in denen in den Novembertagen ASR entstehen, werden später keine Bauern- und Landarbeiterräte gebildet.

In der Festung auf der Insel Borkum, die ebenfalls zum Kreis Emden gehört, bildet sich bereits am 8. November ein Soldatenrat. Er beschlagnahmt Lebens- und Genussmittel sowie Bücher aus dem Offizierscasino, das geschlossen wird. Die Bereitschaft der Soldaten, zur Durchsetzung ihrer Vorstellungen Gewalt anzuwenden, ist dort offenbar größer als in dem beschaulichen Leer: Als sich Soldatenrat und

Gemeinde nicht darüber einig werden können, wer die Kosten des Rats übernimmt, erscheint der Vorsitzende des Soldatenrats in Begleitung zweier bewaffneter Soldaten in der Wohnung von Gemeindevorsteher Tönjes Kieviet, „um eine endgültige Entscheidung in der Angelegenheit herbeizuführen". Der Gemeindevorsteher hat keine Wahl. Aber er beklagt sich hinterher beim Landrat in Emden, dass die kleinen Gemeinden die Mittel, welche die Räte benötigen, nicht aufbringen könnten.

Das Bürgertum reagiert

Ausgesprochen schnell reagiert das Bürgertum in der Stadt auf den Umschwung. Während sich der ASR in den ersten Tagen nach dem 10. November im Rathaus einrichtet und seine Arbeit aufnimmt, gelingt es Dettmer Heinrich Zopfs, dem Herausgeber des Leerer Anzeigeblattes, die bürgerlichen Kräfte zu sammeln. In einem Aufruf vom 14. November hält es Zopfs für „dringend erforderlich, daß das Bürgertum bei der Neuordnung der Dinge nicht tatenlos zusieht". Unter dem Motto „Jeder an seinem Platz" fordert am selben Tag der Handelsverein Leer die Handel- und Gewerbetreibenden in der Stadt per Zeitungsannonce dazu auf, „dem Aufbau des Landes nicht passiv gegenüberzustehen, sondern mit aller Kraft zu unterstützen". Zopfs sucht und findet dabei ausdrücklich die Zusammenarbeit mit dem ASR. So gehört er am 14. November auf einer Kundgebung des ASR mit dem Reichstagsabgeordneten Dr. Georg Davidsohn (SPD), den die Regierung nach Ostfriesland geschickt hat, zu den Rednern und fordert dabei die Bürger der Stadt zur Zusammenarbeit mit dem ASR auf.

Zu dieser Versammlung vor dem Rathaus kommen laut Zeitungsbericht „einige tausend Menschen auch aus der Umgegend". Es bleibt übrigens die einzige große politische Veranstaltung des ASR, die unter dem Titel „Kaiser und Krieg, Volk und Frieden" in erster Linie versucht, die Bevölkerung mit dem gemäßigten Programm der Mehrheitssozialdemokraten um Friedrich Ebert vertraut zu machen.

Am selben Tag, an dem in Zopfs' Blatt wohlwollend über die „in musterhafter Ordnung" verlaufene ASR-Kundgebung berichtet wird, kündigt Zopfs in einer großen Anzeige eine „Vollversammlung des Bürgertums" am folgenden Tag, 16. November, an. Auf dieser Veranstaltung nimmt ASR-Vorsitzender Bruns das Angebot Zopfs' zur Zusammenarbeit öffentlich mit deutlichen Worten an: Weil die Bürgerschaft bei „Einführung der Revolution" beiseite gestanden habe, sei die Arbeiterschaft gezwungen gewesen, „das Heft in die Hand zu nehmen, damit nicht der Bolschewismus ins Land getragen würde".

Redner sind neben Bruns zwei Männer, die sich bald als die örtlichen Führer der sich innerhalb des Bürgertums bildenden Deutschen Demokratischen Partei (DDP) und Deutschen Volkspartei (DVP) herauskristallisieren: der linksliberale Studienassessor Adolf Grimme, später preußischer und nach dem Zweiten Weltkrieg niedersächsischer Kultusminister sowie Intendant des Nordwestdeutschen Rundfunks, und der nationalliberale Amtsrichter Ernst Stendel, nach 1945 in Leer Mitbegründer der CDU, Bürgermeister und Landrat. Ihre zum Teil heftig geführten Auseinandersetzungen sollen in den nächsten Wochen die politischen Veranstaltungen in der Stadt bestimmen. Bei ihrem ersten gemeinsamen öffentlichen Auftritt ist davon noch nichts zu merken. Die von Zopfs einberufene Versammlung dient nicht nur der politischen Standortbestimmung. Dem Bürgertum der Stadt werden im ASR vier Vertreter zugestanden. Erst mit der Wahl von Grimme, Kaufmann Albrecht Büttner, Post-Sekretär Jaje Reddingius und Malermeister Reinhard Martini zu „bürgerlichen Vertrauensleuten" ist die Bildung des ASR abgeschlossen.

Jetzt werden auch die Organisationsstrukturen von Conrad Bruns öffentlich vorgestellt. Organe des ASR sind der große Ausschuss oder 21er-Rat und der engere Ausschuss bzw. 5er-Rat, der mit seinen hauptamtlichen Mitarbeitern die Beschlüsse des ASR ausführt. Bruns vergleicht den ASR mit einer Genossenschaft, die von einem Aufsichtsrat – dem 21er-Rat – geführt wird, deren Beschlüsse der Vorstand – der engere Ausschuss – umsetzt. Diese Bezeichnungen sind ähnlich auch von anderen ASR bekannt, unter anderem aus Emden, und sagen wenig über die tatsächliche Größe aus. In dem 20-Punkte-Katalog des ASR vom 10. November werden zum engeren Ausschuss sieben Personen gerechnet. Ebenso wenig muss der 21-er Ausschuss aus 21 Personen bestanden haben. Andererseits gibt es eine Obergrenze, denn der Antrag des Arbeiterausschusses der städtischen Werke auf einen Platz im 21er-Rat wird abgelehnt, weil kein Platz frei sei. Offenbar werden bestimmten relevanten Gruppen Sitze im 21-er Rat zugestanden, ohne dass erkennbar wird, welche das neben dem Bürgertum im Einzelnen sind. Ähnlich verfährt der Soldatenrat, der Anfang Dezember ausdrücklich einen Vertreter des Sanitätspersonals nachwählt.

Vom Auricher Arbeiterrat ist bekannt, dass er aus Vertretern der Kaufmannschaft, der Bürgerschaft, des freies Gewerkschafts-Kartells, der christlich-sozialen Arbeiterschaft, der Landwirtschaft und der Beamtenschaft gebildet wird. In Emden gehören zur 96-köpfigen Vollversammlung neben den Arbeitervertretern Handwerker, Beamte der kommunalen Behörden, Bedienstete von Post, Bahn und Zoll, Lehrer sowie Delegierte der Gemüsebauern.

Das Bürgertum in Leer gibt sich indes nicht mit einer Mitwirkung im ASR zufrieden. Unter der Führung von Zopfs wird am 22. November der „Verein zur Wahrung der Interessen der Bürger und Bauern" gegründet, der sich Anfang Dezember in Bürgerbund und später in Volksbund der Bürger und Bauern umbenennt. Grimme und Stendel gehören zu den Gründungsmitgliedern. Der Volksbund ist nach eigenem Verständnis in erster Linie ein Sammelbecken der bürgerlichen Kräfte und ein Gegengewicht zum sozialdemokratisch geführten ASR, ohne aber dessen Legitimität als Vertretung der Arbeiterschaft anzuzweifeln. Darin steht er der DDP nahe, die sich zum Ziel gesetzt hat, das Bürgertum in einer Partei zu vereinigen sowie die Verbindung zwischen Bürgertum und Arbeiterschaft herzustellen. Wie der ASR, dessen auswärtige Tätigkeit (vermutlich im Zusammenhang mit den vom ASR beabsichtigten Bauernratswahlen im Kreisgebiet) sich anhand der erhaltenen Reisekosten-Aufstellungen nachweisen lässt, beschränkt sich der Volksbund nicht auf das Stadtgebiet. Kurz vor Weihnachten 1918 entstehen die ersten Volksbund-Ortsgruppen in Holtland und Ihrhove. Weitere folgen.

Die Republik Oldenburg-Ostfriesland

In den aufregenden Tagen der Novemberrevolution sorgt ein Thema für zusätzlichen Zündstoff. Am 10. November 1918 ruft der Arbeiter- und Soldatenrat der Nordseestation Wilhelmshaven eine „sozialistische Republik Oldenburg-Ostfriesland" aus und wählt seinen Vorsitzenden, den Maschinenschlosser Bernhard Kuhnt, zu deren Präsidenten. Der 21er-Rat des ASR Wilhelmshaven beansprucht die politische Führung für alle der Festung Wilhelmshaven und der Marinestation der Nordsee militärisch unterstellten Gebiete: Das sind die Ämter Rüstringen, Jever und Varel, Teile des Kreises Wittmund und Teile des Amtes Butjadingen sowie die Befestigungen an der deutschen Nordseeküste zwischen Borkum und Sylt. Gleichzeitig versucht er, sich durch den Sturz des Großherzogs in Oldenburg und den Anspruch auf die territoriale Eingliederung Ostfrieslands das Hinterland zu sichern.

Die Machtansprüche der Wilhelmshavener werden zunächst vom Oldenburger Soldatenrat gebremst, der im Gegensatz zu dem radikalen, auf gesellschaftliche Veränderungen hinzielenden Wilhelmshavener Rat in Zusammenarbeit mit anderen gesellschaftlichen Gruppen nur daran interessiert ist, die drängendsten Tagesprobleme zu lösen. Das ist wie überall zuerst die Versorgung der Bevölkerung mit Lebensmitteln. Nach der Abdankung von Großherzog Friedrich August wird der Freistaat Oldenburg ausgerufen und eine provisorische Regierung unter Beteiligung von Sozialdemokraten, Linksliberalen und der Deutschen Zentrumspartei, aber ohne Vertreter des Arbeiter- und Soldatenrats gebildet. Präsident wird Bernhard Kuhnt; er behält dieses politisch bedeutungslose Amt bis Anfang März 1919.

Die Ostfriesen reagieren scharf auf die Proklamation der Republik Oldenburg-Ostfriesland. Auf der großen Versammlung am 15. November greift Zopfs das Thema auf. Die Republik versuche, „als solche mit dem Feinde über Waffenstillstand und Frieden zu verhandeln", lautet sein Vorwurf. Der ASR Leer gibt mehrfach ein Bekenntnis der Zugehörigkeit Ostfrieslands zu Preußen ab und protestiert gegen die

Wilhelmshavener Ansprüche. Er stützt sich dabei auf ein Telegramm gleichen Inhalts, das das preußische Innenministerium am 17. November an den Regierungspräsidenten in Aurich geschickt hat. Unter diesem Vorbehalt nehmen die Vertreter des Leeraner ASR am 19. November als Beobachter an einer Versammlung der oldenburgischen, ostfriesischen und bremischen Soldatenräte im Oldenburger Schloss teil. Dort geht es in erster Linie um gemeinsame Richtlinien für die Arbeit der Räte, um die Nationalversammlung und die Haltung zur Reichsregierung. Die territorialen Fragen werden offenbar nicht weiter diskutiert.

Obwohl den Beteiligten wie dem Oldenburger Landtagsabgeordneten Paul Hug aus Rüstringen von Anfang an klar ist, dass die Bildung der Republik Oldenburg-Ostfriesland eine „inhaltlose Demonstration" ist und der Wilhelmshavener ASR keinen politischen Rückhalt in Ostfriesland hat, kommt die Diskussion in den kommenden Wochen immer wieder hoch. Zwangsläufig verknüpft sich mit dem politischen Umsturz in Deutschland auch die Frage der territorialen Neugliederung. Die neuen, von den ASR ansatzweise gebildeten regionalen Zusammenschlüsse orientieren sich an den militärischen Strukturen, die nicht mit den territorialen Gegebenheiten übereinstimmen. Die politische Kleinstaaterei in Deutschland wird mancherorts in Frage gestellt, weil sie nicht mit den hierarchischen Strukturen eines reichseinheitlichen Rätesystems in Einklang zu bringen ist. Außerdem drücken sich in mancher Forderung nach Neuordnung traditionelle Unzufriedenheit und Unabhängigkeitsstreben aus.

So steht hinter der Anfang 1919 im Rheinland aufkommenden Initiative für eine „westdeutsche Republik" die Vorstellung eines von Preußen unabhängigen Rheinlandes mit direktem Zugang zum Meer. Diesem neuen deutschen Teilstaat sollen das Rheinland, Westfalen, Ostfriesland, Hessen, Hessen-Nassau und die Pfalz angehören. In Ostfriesland wird sie zunächst als „rein konfessionelle Republik" abgelehnt. Tatsächlich ist Ostfriesland in dieser Konstruktion nur wegen des Emder Hafens erforderlich. Andererseits gibt es durchaus Zustimmung. In einem Leitartikel des Leerer Anzeigeblatts wird auf die wirtschaftlichen Vorteile für den Leeraner Hafen hingewiesen, wenn der Güterverkehr per Schiff nicht mehr wie bisher über den Rhein und die belgischen und niederländischen Häfen, sondern über die Ems abgewickelt wird. Ganz neu ist der Vorschlag nicht: Bereits 1866, nachdem Ostfriesland wieder zu Preußen gekommen war, gab es eine Diskussion über die Neuorganisation der Verwaltungseinheiten. Teile des ostfriesischen Bürgertums unterstützten dabei eine Eingliederung in die Provinz Westfalen statt nach Hannover, eben weil sie sich für die Häfen Leer und Emden wirtschaftliche Vorteile versprachen.

Die westdeutsche Republik wird zudem als Alternative zu einer möglichen „niedersächsischen Republik" gesehen. Die Idee eines einheitlichen Niedersachsens mit der preußischen Provinz Hannover und den Bundesstaaten Oldenburg, Braunschweig und Schaumburg-Lippe, das sich an dem mittelalterlichen sächsischen Siedlungsgebiet orientiert, geht auf die Ende des 19. Jahrhunderts entstandene Heimatbewegung zurück. Vorangetrieben wird sie vom 1901 gegründeten Heimatbund Niedersachsen. Dieser ist allerdings dem welfischen Widerstand gegen die Einverleibung des Königreichs Hannover nach Preußen zuzurechnen. Diese antipreußischen Einflüsse und die eigene, als negativ erinnerte Lage während der Zugehörigkeit zum Königreich Hannover (von 1815 bis 1866) führen in Ostfriesland zum Widerstand gegen die Niedersachsen-Idee.

Als letzte territoriale Variante sei die von der sozialistischen Republik unabhängige Überlegung aus Oldenburg erwähnt, Ostfriesland „wegen der vielfältigen wirtschaftlichen Beziehungen" gegen abgelegene Landesteile mit Preußen zu tauschen. Zum damaligen Großherzogtum bzw. dem neuen Freistaat Oldenburg gehören Lübeck in Schleswig-Holstein und Birkenfeld in der Pfalz. Beide Oldenburger Gebiete liegen mitten in preußischen Provinzen. Oldenburg käme durch den Tausch zu einem geschlossenen Staatsgebiet. Dieser Vorschlag wird Anfang Februar 1919 auf einer Versammlung des Gewerbe- und Handelsvereins Oldenburg gemacht.

Der Spuk der sozialistischen Republik Oldenburg-Ostfriesland, eines Freistaats Niedersachsen oder einer westdeutschen Republik dauert nur ein paar Wochen. Schon als der Rat der Volksbeauftragten kurz vor Weihnachten 1918 jede Gebietsänderung als Folge der politischen Umwälzungen für unzulässig und zur Aufgabe der künftigen Nationalversammlung erklärt, stellt Zopfs fest: „Damit dürfte nun wohl endlich den Bestrebungen der Boden entzogen worden sein und die Republik Oldenburg-Ostfriesland wieder verschwinden." Die Nationalversammlung geht die territoriale Neuordnung des deutschen Reiches nicht an, es bleibt alles beim Alten. Erst mit der Zerschlagung Preußens nach dem Zweiten Weltkrieg wird die Neuordnung notwendig und möglich.

Aufgaben des Arbeiter- und Soldatenrats

Nach dem Einzug des ASR in das Rathaus stellen sich dem engeren Ausschuss sogleich zwei vordringliche Aufgaben:
– die Mitarbeit bei der Demobilisierung der Truppen und
– die Aufrechterhaltung der Lebensmittelversorgung.
Unmittelbar nach Bekanntgabe der als hart empfundenen Waffenstillstandsbedingungen am 11. November werden in den ostfriesischen Landkreisen zivile Demobilisierungsausschüsse gebildet. Die Beteiligung des ASR ist in Leer keine Frage. Conrad Bruns gehört neben dem Vorsitzenden Landrat Kleine und dessen Stellvertreter Bürgermeister Helms dem geschäftsführenden engeren Ausschuss an.
Diese Ausschüsse haben die Aufgabe, von ziviler Seite aus die Auflösung des Heimatheeres und der von der Front zurückkehrenden Truppenteile vorzubereiten. Es gilt dabei nicht nur, die heimkehrenden Leeraner zu berücksichtigen. Bestandteil der Waffenstillstandsbedingungen ist die Einrichtung einer von deutschen Truppen freien Zone westlich des Rheins. Deshalb können die dort stationierten Truppenteile nicht in ihre traditionellen Garnisonen zurückkehren, sondern erhalten neue Standorte. Das zum VII. Armeekorps Coblenz gehörende Infanterie-Regiment von Horn (3. Rheinisches) Nr. 29 aus Trier soll in Leer aufgelöst werden.
Vordringliche Aufgaben sind die Unterbringung der Soldaten und die Arbeitsvermittlung. Beides wird nach Ansicht des Ausschusses, der seine erste Sitzung am 19. November hat, „keine großen Schwierigkeiten bereiten". Der Ausschuss ist bestrebt zu erreichen, dass heimkehrende Soldaten an ihre früheren Arbeitsplätze, die im Krieg zum Teil durch Frauen besetzt wurden, zurückkehren können. In der Zeit der Umstellung von der Kriegs- auf die Friedenswirtschaft ist der Bedarf an Arbeitskräften groß. Anfang Januar 1919 sind beim städtischen Arbeitsnachweis, einer Art kommunalem Vorgänger des Arbeitsamts, 62 Arbeitslose gemeldet, denen 146 offene Stellen gegenüberstehen. Einen Beitrag zur geringen Arbeitslosigkeit leisten die

schlecht bezahlten städtischen Notstandsarbeiten, unter anderem im Deichbau.

Einquartiert werden die zurückkehrenden Soldaten vor allem in den Schulen, die zum Teil ohnehin schon durch Militär belegt sind. So ist im Lyzeum, heute Teletta-Groß-Gymnasiums seit September 1915 ein Reservelazarett untergebracht. Der Unterricht wird wegen dieser Einschränkungen zum Teil an andere Schulen verlegt. Die Leeraner Schriftstellerin Wilhelmine Siefkes, die als junge Lehrerin an der Osterstegschule unterrichtet, berichtet in ihren „Erinnerungen", dass sie wegen der Einquartierungen an die Hoeellernschule versetzt wird.

Der ASR ist unmittelbar nach Kriegsende, als sich das in Leer stationierte Ersatzbataillon auflöst und Soldaten aus verschiedenen aufgelösten Einheiten durch Ostfriesland reisen, eine wichtige Anlaufstation für die Militärangehörigen. Es wird eine Versprengten-Sammelstelle eingerichtet, für durchreisende Soldaten werden Notquartiere zur Verfügung gestellt. In vier Monaten zählt der Soldatenrat 5000 Übernachtungen. Das Büro im Rathaus ist außerdem Beratungsstelle, etwa bei Rentenangelegenheiten. Der Andrang ist so groß, dass der ASR den Magistrat Anfang Dezember um einen weiteren Raum bittet, „weil Besprechungen und Verhandlungen wegen des starken Publikumsverkehrs nicht möglich sind".

Diese Aufgaben gehen zurück, während die Demobilisierung fortschreitet. In welchem Maß das geschieht, lässt sich nicht mehr ermitteln. Die Auflösung des Heeres scheint von geringem öffentlichen Interesse. Die Lokalpresse hält sich, trotz des Endes der Zensur, mit Berichten über Militärangelegenheiten zurück. Die Garnison wird aber nicht vor Juni 1919 endgültig aufgelöst.

Obwohl die Versorgung der Bevölkerung mit Lebensmitteln, das heißt vor allem die Ausgabe der Lebensmittelkarten und die Verteilung der rationierten Waren, in der Hand der Stadtverwaltung und des Kreiswirtschaftsamtes liegt, können die zuständigen Stellen an der prekären Versorgungslage kaum etwas ändern. Praktisch alles ist rationiert, und praktisch alles ist knapp. Die zugeteilten Rationen liegen weit unter dem Friedensverbrauch, beim Fleisch betragen sie bei Kriegsende nur noch gut zehn Prozent, bei Butter etwa 30 Prozent. Nur an Kartoffeln besteht kein Mangel.

Die zur Verfügung stehenden Mengen können nur in beschränktem Maß vergrößert werden. Unter der Kriegsbewirtschaftung müssen die Kreise von den auf ihrem Gebiet erzeugten Lebensmitteln festgelegte Mengen zur Versorgung der Truppen und zur allgemeinen Verteilung abliefern und erhalten daraus einen Anteil zurück. Eine Folge davon ist, dass in Ostfriesland trotz der intensiven Milchvieh-Haltung noch Monate nach dem Krieg ein andauernder Buttermangel beklagt wird. Gleichzeitig ist die landwirtschaftliche Produktion auf etwa die Hälfte des Vorkriegsstandes gesunken. Die Situation ändert sich nach Kriegsende zunächst nicht, teilweise wird der Mangel sogar noch größer. Anfang 1919 wird die Butter-Ration auf 40 Gramm pro Woche gekürzt, so genannte fleischlose Wochen bleiben die Regel.

Der Leeraner Lebensmittelkommission, von deren Mitgliedern nur der Vorsitzende Engelke Eimers namentlich bekannt ist, bleibt zusammen mit den kommunalen Stellen in erster Linie die Aufgabe, den Mangel zu verwalten, wie zahlreiche amtliche Bekanntmachungen des ASR zeigen. Dazu gehört, die Ausgabemenge je nach Bestand zu verändern bzw. Reserven zu erschließen. So fordert die Kommission bereits in ihrer ersten Sitzung am 15. November von der Reichsstelle für Gemüse und Obst, die Einsäuerung von Kohl freizugeben, damit nicht große Bestände „dem Verderben preisgegeben sind". Am selben Tag ruft der ASR die Jäger in einer amtlichen Bekanntmachung auf, „Wild für die Volksernährung" zu schießen.

Gleichzeitig betreibt die Kommission aktive Mittelstandspolitik. Die städtischen Verkaufsstellen für Käse werden umgehend zu Gunsten der Einzelhändler abgeschafft. Ebenso schaltet die Kommission den Zwischenhandel aus, wo es möglich ist. Die rationierte Butter wird direkt an die Endhändler abgegeben, die nun auch den Verdienst des Zwischenhändlers von 2,5 Pfennig pro Pfund Butter einstreichen.

Der Sicherheitsdienst

„Ruhe und Ordnung" sind, so scheint es, die zentralen Begriffe der Novemberrevolution in Leer. Das Bürgertum benutzt sie ebenso häufig wie die aufständischen Soldaten und Arbeiter. Conrad Bruns verwendet sie in seinen Ansprachen am 9. und 10. November 1918 mehrfach; er tritt dafür ein, dass die alten Gesetze gültig bleiben, bis neue in Kraft treten. In seinem 20-Punkte-Katalog kündigt der ASR „Maßnahmen zum Schutz des Privateigentums" an. Es werden auch umgehend Waffen eingezogen. „Zur Aufrechterhaltung von Ruhe und Ordnung und zur Sicherung des Eigentums der Einwohnerschaft" und um „den Bewohnern der Stadt das Gefühl der Sicherheit" zu geben, sind zwischen 22 und 6 Uhr Militärpatrouillen in der Stadt unterwegs. Das ist die von dem sozialdemokratischen Gründervater Ferdinand Lassalle polemisch so genannte Nachtwächteridee, die das Bürgertum vom Staat hat: Der Staat habe die Aufgabe, Eigentum zu schützen und „Raub und Einbruch zu verhüten". Aber nicht nur die Kaufleute und Gewerbetreibenden in der Stadt sind an innerer Sicherheit interessiert, auch die Arbeiter haben inzwischen mehr zu verlieren als ihre Ketten. Sie haben einen gewissen Lebensstandard und soziale Errungenschaften erreicht, die sie nicht mehr preisgeben wollen. Viele von ihnen haben noch Arbeits- und Lebensbedingungen miterlebt, die nur als elend zu bezeichnen sind.

Es gibt in der städtischen Bevölkerung also einen breiten Konsens über die Notwendigkeit eines zusätzlichen Sicherheitssystems neben der örtlichen Polizei. Ob es dafür konkrete Gründe gibt oder es sich nur um ein diffuses Gefühl in unsicherer Zeit handelt, sei dahingestellt; in den ersten Wochen nach der Revolution ist zumindest keine ungewöhnliche Zunahme von Kriminalität festzustellen. Am 26. November wird vom ASR ein Sicherheitsdienst unter der Führung von Landsturmmann Heinrich Kempen „zur Aufrechterhaltung der Ruhe und Ordnung in der Nacht" aufgestellt, der die bisherigen nächtlichen Patrouillen ablöst. Der Sicherheitsdienst erhält, wie die Militärangehörigen im hauptamtlichen engeren Ausschuss des ASR, Sold und Verpflegung von der Garnison. Die Garnison sorgt weiter für die Bewaffnung; diese ist, dem Zustand des Heimatheeres entsprechend, nicht gut. Wie viele Leute Kempen zur Verfügung hat, ist nicht zu ermitteln. Der Sicherheitsdienst des Kreises Emden besteht Mitte Dezember aus 20 oder 21 Mann, zum größten Teil entlassene Militärangehörige. In Leer dürfte es ähnlich gewesen sein; die wenigen überlieferten, in Leer gängigen Namen von Sicherheitsdienst-Leuten (Bruns, Kempen, Lüdemann und Stöhr) zeigen, dass Kempens Abteilung sich höchstwahrscheinlich aus dem Landsturm-Bataillon rekrutierte.

Sicherheitsdienste entstehen überall in Deutschland, sie sind typische Erscheinungen der Revolutionszeit. Sie werden eingerichtet zur Bekämpfung von Kriminalität und haben keinen politischen Charakter, ganz im Gegensatz zu den später gegründeten Einwohnerwehren, die nach einem Runderlass des preußischen Innenministeriums ausdrücklich gegen die „Einschleppung und Verbreitung bolschewistischer und spartakistischer Ideen" eingesetzt werden sollen. Ausdrücklich dienen die Sicherheitsdienste der gesamten Einwohnerschaft.

Sein Hauptbetätigungsfeld findet der Leeraner Sicherheitsdienst nicht in der Jagd auf Diebe, Räuber und Einbrecher in der Stadt. Diese Aufgabe kann offenbar die örtliche Polizei problemlos bewältigen. Kempen und seine Leute konzentrieren sich auf die Bekämpfung des zunehmenden „Schleichhandels".

Der Schwarzmarkt hat wegen der schlechter werdenden Versorgungslage schon während des Krieges ständig an Bedeutung gewonnen, tritt aber wegen der Angst vor Strafe nicht offen zu Tage. Nach Behördenschätzungen werden zusätzlich zu den ausgeteilten Lebensmittelrationen von 1200 Kalorien noch einmal etwa 300 Kalorien illegal besorgt; von manchen Lebensmitteln werden 30 bis 50 Prozent im Schleichhandel umgesetzt, mit bis zu zehnfach höheren Preisen. Der Preisanstieg führt dazu, dass immer breiteren sozialen Schichten der Zugang zum Schwarzmarkt verwehrt wird.

Die Arbeit des Sicherheitsdienstes macht sich bald bemerkbar und ist offenbar aufwendiger als zunächst angenommen. Denn schon am 6. Dezember beschließt die Vollsitzung des Arbeiter- und Soldatenrats, zusätzlich Leute einzustellen. In der Lokalpresse wird jetzt regelmäßig über die Erfolge der Kempen-Truppe berichtet: Da werden einmal am Bahnhof 200 Pfund Fleisch beschlagnahmt, ein anderes Mal „bei einem hiesigen Geschäftsmann" fünf geräucherte Schinken, zehn Pfund Butter und zehn Pfund Fleisch sichergestellt und einer „Hamsterin aus Oberhausen" sechs Pfund Butter, drei Pfund Wurst und Speck sowie ein Paar Militärstiefel abgenommen.

Der Sicherheitsdienst konzentriert sich bei der Arbeit auf die Bahnhöfe im Kreisgebiet. Sie sind die Drehscheiben des Schleichhandels. Denn Ostfriesland wird, zumindest aus der Sicht der Einheimischen, geradezu überschwemmt von auswärtigen Hamsterern. Der Hunger treibt die Menschen aus den Industriegebieten an Rhein und Ruhr aufs Land. In den Zügen auf der Emsstrecke von und nach Rheine herrschen „geradezu jammervolle Zustände" wegen der vielen Hamsterer, es gibt nach Zeitungsberichten regelmäßige Verspätungen von bis zu zwei Stunden.

Ab Anfang 1919 häufen sich in der Presse die Erfolgsmeldungen des Sicherheitsdienstes. Dies ist eine Folge des zunehmenden Schleichhandels, aber auch der schärferen Kontrolle auf den Bahnhöfen. Die wichtigen Bahnhöfe im Kreisgebiet sind mit ständigen Sicherheitswachen besetzt, die Reisende regelmäßig kontrollieren. Auf dem Bahnhof Ihrhove werden Mitte Januar an einem Tag zwei Kühe, zwei Pferde, 1400 Pfund Speck, 18 Pfund Butter und 28 Pfund Talg beschlagnahmt. Über die Beschlagnahme von Butter, Schinken und Speck wird auch aus Leer, Neermoor, Steenfelde, Stickhausen, Hesel, Nortmoor, Filsum und Hilkenborg berichtet. Die Schiebereien nehmen dabei zum Teil groteske Formen an. So wird Butter per Post verschickt, um die Kontrollen zu umgehen. In einem Fall von „Butterbetrug" entdeckt der Sicherheitsdienst in Butterstücken versteckte gekochte Kartoffeln. Obwohl es sich möglicherweise nur um einen Scherz auf Kosten des Sicherheitsdienstes handelt, wird verlangt, dass der Butterfabrikant „aus der Gegend hinter Ihrhove" ausfindig gemacht und bestraft wird. Zum Schwarzhandel gehören immer zwei, Käufer und Verkäufer, der bei landwirtschaftlichen Produkten häufig auch der Erzeuger ist. In mehreren Fällen erwischt der Sicherheitsdienst Geschäftsleute aus Leer und Umgebung, die mit dem Schleichhandel ein Geschäft machen wollen. Ein Fall erregt Ende Januar 1919 besonderes Aufsehen in der Stadt. Der „junge Kaufmann O.", Sohn des angesehenen Kaufmanns und Bürgervorstehers Adolf C. Onkes, verkauft Butter aus dem Geschäft seines Vaters „faßweise schwarz an Gastwirte und nach auswärts". Das Pikante daran: Onkes betreibt die direkt neben dem Rathaus gelegene offizielle Butter-Verkaufsstelle in der Stadt. Wenige Tage nach Bekanntwerden der Schieberei gibt Onkes diese Aufgabe ab.

Der Fall Onkes bringt das Fass zum Überlaufen. Am Vormittag des 30. Januar versammeln sich mehrere hundert Arbeiter aus fast allen Leeraner Betrieben zu einer Demonstration für die „Erhöhung der Fettmenge". Angeführt von dem Schlosser Hermann Adena, einem sozialdemokratischen Gewerkschafter, zieht die Menge zunächst vor das Geschäft von Onkes. Dann verhandelt eine Delegation mit dem Magistrat und erreicht die Zusage für eine „sofortige zusätzliche Fettverteilung im Rahmen des Möglichen". Außerdem wird an die Landbevölkerung appelliert, „überschüssige Fett- und Speckmengen gegen Bezahlung" nach Leer abzugeben. Die Stimmung ist offenbar gereizt, denn ASR-Vorsitzender Bruns verlangt von den Arbeitern den Verzicht auf „jegliches gewaltsame Vorgehen".

Wie schwer es den Arbeitern fällt, ruhig zu bleiben, obwohl sie und ihre Familien seit Monaten nicht genug zu essen bekommen, zeigt sich, als die Demonstration anschließend zur Kreisverwaltung in die Heisfelder Straße zieht. Dort dringen einige Demonstranten auch in die Privaträume von Landrat Kleine ein. Dennoch erhalten die Arbeiter die Zusage, dass umgehend 1000 Pfund Speck verteilt werden. Außerdem wird Sicherheitschef Kempen erlaubt, die Hausschlachtungen auf dem Lande zu überprüfen und „bei Verstößen und Verheimlichungen" den gesamten Vorrat an Fleisch und Speck zu beschlagnahmen. Diese Vollmacht wird innerhalb kürzester Zeit zur Konfrontation mit der Landbevölkerung führen.

Mit den Versprechungen des Landrats geben sich die Arbeiter zufrieden und gehen wieder nach Hause. Dabei ist die Zusage lächerlich: 1000 Pfund für etwa 16 000 Menschen – zum Versorgungsgebiet der Stadt Leer gehören schon damals die umliegenden Ortschaften Heisfelde, Loga und Leerort – sind für jeden nicht einmal eine Wochenration. Konsequenterweise wird eine Woche später die Speckverteilung verschoben mit der Begründung, die bis dahin zusammengekommenen „etwa 2000 Pfund" seien noch zu wenig für eine Ausgabe. Stattdessen gibt es Fleischkonserven aus Militärbeständen.

In der Bürgerschaft in Leer wird die Tätigkeit des Sicherheitsdienstes aufmerksam verfolgt und gewürdigt: „Aus den Ergebnissen der letzten Tage ersieht man, daß die Sicherheitswachen am Platze sind und ihre Tätigkeiten in sehr befriedigender Weise ausüben", lobt das Leerer Anzeigeblatt nach den ersten größeren Erfolgen. Eine Eindämmung des Schwarzhandels, vor allem der Hamster-Fahrten aus dem Ruhrgebiet, ist im ureigensten Interesse der Stadt. Sie selbst hat nur wenige landwirtschaftliche Betriebe und ist bei der Lebensmittelversorgung auf die Bauern der umliegenden Gemeinden angewiesen.

Ein wenig Normalisierung

Schon Ende November 1918 sind in der Stadt „normale" Verhältnisse wiederhergestellt. Der Arbeiter- und Soldatenrat erfüllt im Rahmen der durch den Reichsinnenminister erlassenen Verordnungen seine Aufgaben und kontrolliert die städtische Verwaltung, ohne sich allerdings direkt in deren Arbeit einzumischen. Im Gegenteil, bereits am 23. November hebt Bürgermeister Helms die interne Verfügung wieder auf, dass alle Bekanntmachungen generell vom ASR gegenzuzeichnen sind. Als sich Hugo Himmelstoß daraufhin bei Helms beschwert, erhält er die lapidare Antwort, dass dies mit dem ASR abgesprochen worden sei. Es ist möglich, dass Bruns diese Entscheidung im Alleingang getroffen hat. Da die Stadtverwaltung auch unter den neuen Bedingungen loyal weiterarbeitet und es keine Meinungsverschiedenheiten über die richtigen Maßnahmen „zur Aufrechterhaltung der Ordnung" gibt, besteht keine Notwendigkeit für eine kleinliche Kontrolle.

Eine nicht zu unterschätzende Rolle spielt dabei Conrad Bruns. Der ASR-Vorsitzende ist nicht auf Konfrontation aus, sondern setzt sich stets für Ausgleich und Mäßigung ein. Aus kontroversen Debatten hält er sich heraus. Die Position, die die Arbeiterschaft durch die November-Ereignisse innerhalb der Gesellschaft erreicht hat, will er nicht aufs Spiel setzen. Es ist sicherlich zum größten Teil auf Bruns gemünzt, wenn das Leerer Anzeigeblatt Ende Januar feststellt: „Wir haben bislang hier gute Verhältnisse gehabt, da der A.- und S.-Rat durchaus loyal arbeitet, da auch die Führer der Gewerkschaften stets bemüht gewesen sind – und erfreulicherweise mit Erfolg – die Arbeiterschaft von Ausschreitungen und übertriebenen Forderungen zurückzuhalten."

Bruns sucht und findet Anerkennung für die gemäßigte Arbeiterschaft in Leer. Sie ist auch mit persönlicher Anerkennung für den Mann verbunden, der innerhalb weniger Tage vom unbedeutenden Gewerkschaftsfunktionär zu einem der wichtigsten Männer in der Stadt geworden ist: Am 29. November werden ihm vom Magistrat förmlich die Bürgerrechte verliehen. Er findet nichts dabei, den Bürgereid abzulegen, mit dem er sich verpflichtet, „den vorgesetzten Behörden, namentlich dem Magistrate, Gehorsam [zu] leisten", obwohl er als ASR-Vorsitzender gerade diesen Magistrat zu kontrollieren hat. Einen Monat später erhält auch Hugo Himmelstoß das Bürgerrecht.

Mit dem im Volksbund der Bürger und Bauern organisierten fortschrittlichen Bürgertum der Stadt arbeitet der ASR eng zusammen. Die vier bürgerlichen Vertrauensleute beschränken sich nicht auf eine passive Rolle. Postsekretär Reddingius wird zum Vertreter des 21er-Rats bei den Sitzungen der städtischen Kollegien gewählt, Malermeister Martini wird sein Vertreter. Grimme setzt sich für die Gründung eines Bildungsvereins ein und schlägt Unterrichtsstunden für „einfachere Schichten des Volkes" vor. Seine Ziele sind der Aufbau einer Volksbibliothek und einer Lesehalle, die „späterhin eine ehrende Erinnerung an die Herrschaft des A.-u.R.-Rates bilden" würde. ASR und Volksbund setzen einen gemeinsamen Bildungsausschuss ein, der Unterrichtskurse „gleich nach Weihnachten" organisieren soll; damit dauert es aber noch bis Anfang Februar 1919. Für die Volksbibliothek sammelt der Lehrer Hero Degenaar, der spätere Vorsitzende des Bildungsvereins, Spenden und Bücher. Die Sozialdemokraten, der Metallarbeiterverband, der Verein junger Kaufleute und die Lazarettverwaltung stellen Bücher zur Verfügung.

Neue Soldaten in der Stadt

Allerdings ziehen Arbeiter, Soldaten und Bürger nicht immer an einem Strang. Deutlich verschnupft zeigt sich Zopfs, als sein Volksbund beim Empfang des nach Leer zur Auflösung einquartierten Infanterie-Regiments van Horn (3. Rheinische) Nr. 29 nicht die ihm vermeintlich gebührende Rolle spielt. Die Soldaten des ursprünglich in Trier beheimateten Regiments werden am 14. Dezember 1918 von Tausenden auf den geschmückten Straßen empfangen. Alle sind dabei: die Stadt, der Volksbund, der Arbeiter- und Soldatenrat, die Gewerkschaften, eine Schülerkapelle, die schon einquartierten Soldaten des Ersatzbataillons 29, der Kriegerverein, der Marineverein und „die Damen des Bewirtungsausschusses". Der Vorsitzende des Soldatenrates, Saalfelder, begrüßt laut LAB die von Oberstleutnant Heinrings geführte Einheit als Erster, „obwohl die ganze Veranstaltung von dem Bürgerausschuß-Vorstand im Einvernehmen mit dem Magistrat ins Werk gesetzt worden war. Da hätte man allgemein lieber gesehen, daß zunächst das Stadtoberhaupt die Heimkehrenden willkommen heißt." Auch Conrad Bruns redet an diesem Nachmittag, aber seine Worte „gingen vollkommen im Schall der Kirchenglocken unter". Selbst der Kirchenchor muss vor dem Lärm kapitulieren.

Nur Zopfs, „dessen umfassende Stimme trotz des Glockengeläutes weithin vernehmbar" ist, wird gehört. Er bescheinigt den Soldaten, sie seien nicht besiegt, sondern mussten sich „nur der Übermacht beugen". Die Einstellung, dass das deutsche Heer im Feld unbesiegt sei, ist in allen Teilen der Bevölkerung weit verbreitet und zeigt, wie viele Menschen die Niederlage nach den Jahren der Siegesgewissheit nicht zur Kenntnis nehmen wollen. Die auf General Erich Ludendorff zurückgehende Dolchstoß-Legende, wonach der Krieg gewonnen worden wäre, wäre die Heimat der kämpfenden Front nicht in den Rücken gefallen, findet in dieser Haltung fruchtbaren Boden und kann sich später deshalb zu einer mächtigen Propaganda-Waffe der politischen Rechten und besonders der Nationalsozialisten entwickeln.

Am Ende der Veranstaltung erklingt ein „dreifachkräftiges Hurra" auf die Stadt Leer, die Soldaten erhalten Blumen, Postkarten und Zigaretten als Begrüßungsgeschenke und werden anschließend zu ihren Quartieren geleitet.

Mit dem Einzug des Regiments, das als eines der ersten überhaupt nach der Mobilmachung in den Einsatz ging und in der Nacht zum 2. September 1914 an der Besetzung Luxemburgs beteiligt war, ändern sich die militärischen Verhältnisse in der Stadt. Der ranghöhere Oberstleutnant Heinrings löst Major Leo als Garnisonsältester ab. Die Soldaten werden in Massenquartieren, vorzugsweise Schulen, untergebracht. Wie viele es sind, lässt sich nicht mehr ermitteln. Bekannt ist einzig die Zahl derjenigen, die am 19. Januar bei der Wahl zur Nationalversammlung ihre Stimme abgeben. Denn für die Militärangehörigen in den Massenquartieren, im Reservelazarett und auf den Schiffen im Hafen wird ein eigener Wahlbezirk eingerichtet. Das Wahllokal ist die lutherische Mädchenschule am Ostersteg, die heutige Osterstegschule. Dort werden 421 Stimmen abgegeben, wovon etwa die Hälfte auf die SPD entfällt. Eine Woche später bei der Wahl zur Preußischen Landesversammlung sind es nur 219. Das ist deutlich weniger, als der allgemeine Rückgang der Wahlbeteiligung von 85 auf 70 Prozent erwarten lässt.

Die neuangekommenen Soldaten sind nicht nur kampferprobt, sondern auch, wie Soldatenratsmitglied Polodczek drei Tage später, am 17. Dezember, bei einer Versammlung im Regiment feststellt, „auf ihrem Marsche in die Heimat planmäßig gegen die Soldatenräte aufgehetzt worden". Tatsächlich wird schon ab Mitte November, bevor die Fronteinheiten in die Heimat zurückkehren, von der Obersten Heeresleitung und den Offizieren Stimmung gegen die Räte gemacht, indem ihnen Misswirtschaft, politische Radikalität und Inkompetenz vorgeworfen werden. Zum Teil werden rückkehrende Einheiten auf dem Weg in ihre Garnisonen eingesetzt, um Arbeiter- und Soldatenräte militärisch zu bekämpfen.

Es ist aber nicht nur die Militärführung, die durch gezielte Desinformation versucht, die Arbeiter- und Soldatenräte in Misskredit zu bringen. Auch die SPD greift zu unlauteren Mitteln, um die Räte politisch zu schwächen. So ist auch in Leer in der Zeitung zu lesen, dass die deutschen Arbeiter- und Soldatenräte in den ersten 14 Tagen 800 Millionen Mark ausgegeben hätten. Diese schon wenige Tage später von der Frankfurter Zeitung als Falschmeldung entlarvte Behauptung ist am 1. Dezember von den „Parlamentarisch-politischen Nachrichten" (PPN) aufgebracht und anschließend von der räumlich und personell eng mit den PPN verbundenen SPD-Zeitung „Vorwärts" verbreitet worden. Die PPN werden von dem Sozialdemokraten Kurt Baake, der am 9. November Chef der Reichskanzlei wird, und dessen Sohn herausgegeben.

Tatsächlich liegen die Ausgaben, die die Arbeiter- und Soldatenräte verursachen, sehr viel niedriger. Bis Ende 1920 sind laut Rechnungsausschuss des Landtags in Preußen bei Kommunen und staatlichen Stellen 34 Millionen Mark Kosten entstanden. In Leer gibt der ASR von November 1918 bis Juni 1919 knapp 14 000 Mark aus, wovon rund 9000 Mark Personalkosten für die hauptamtlichen Mitglieder des Hauptausschusses sind. Die Vollzeit-Kräfte wie Conrad Bruns und Hugo Himmelstoß erhalten 15 Mark am Tag bzw. 450 Mark im Monat, Teilzeitkräfte entsprechend weniger. Engelke Eimers arbeitet unentgeltlich. Die soldatischen Mitglieder des ASR erhalten ihren normalen Sold mit den üblichen Zulagen weiter; nur die Differenz zahlt der ASR aus den ihm zur Verfügung stehenden Mitteln. Die Kosten des Sicherheitsdienstes werden gänzlich von der Garnison getragen. Die Mitglieder des 21-er Rates bekommen eine Mark pro Sitzung. Die Ausgaben sind in den monatlichen Abrechnungen zum Teil im Einzelnen aufgeführt. So kostet das Glückwunsch-Telegramm, das der ASR auf Vorschlag von Postsekretär Reddingius an den von der Nationalversammlung zum Reichspräsidenten gewählten Sozialdemokraten Friedrich Ebert schickt, 3,75 Mark. Anhand der Abrechnungen lässt sich für die ersten Wochen nach dem 9. November eine rege Reisetätigkeit in die Gemeinden des Kreisgebietes belegen, die Anfang 1919 nach der Wahl der Bauernräte deutlich abnimmt.

Die Abrechnung ist die einzige Quelle, die verlässliche Auskünfte über den Personalstand des ASR gibt. Denn darin sind alle hauptamtlichen Mitglieder des ASR und ihre Bezüge genau aufgeführt. Es fällt auf, dass die Namen auf der November-Abrechnung nicht mit denen übereinstimmen, die am 9. November öffentlich als Mitglieder des Hauptausschusses verkündet wurden. Es ergibt sich für den Hauptausschuss folgende wechselnde Zusammensetzung:

November/Dezember: Bruns, Himmelstoß, Eimers, Mathies, Saalfelder, Kempen
Januar: Bruns, Himmelstoß, Mathies, Heyer, Schröder, Saalfelder, Kempen, Pinkpank
Februar/März: Bruns, Himmelstoß, Schröder, Saalfelder, Kempen, Pinkpank
April/Mai: Bruns, Himmelstoß, Gronewold
Juni: Bruns

Die Frage nach den Kosten und der Wirksamkeit der Räte taucht auch in der Soldatenversammlung am 17. Dezember auf. Unteroffizier Polodczek muss seine Sache gut gemacht haben, hinterher räumen die Offiziere ein, „daß ihre Auffassung von den Soldatenräten und ihrer Tätigkeit eine wesentlich günstigere geworden sei". Die Regimentsführung lässt es auch zu, dass die Einheiten vier Vertrauensleute für den Soldatenrat bestimmen. Nach Weihnachten ist Oberstleutnant Heinrings zu Gast beim ASR und versichert ihm seine Loyalität gegenüber der Regierung. Es kommt in den nächsten Wochen gelegentlich zur Zusammenarbeit. So unterstützen ASR und Regiment in einer gemeinsamen Anzeige am 4. Januar einen Aufruf des Generalkommandos des X. Armeekorps Hannover, das „Freiwillige für das besetzte Ostgebiet" als Ablösung für ältere Jahrgänge bei der Bewachung von Magazinen und Eisenbahnlinien sucht, und teilen sich dabei auch die Arbeit: Das Garnisonskommando ist Meldestelle für Entlassene des VIII. Armeekorps Osnabrück, der ASR ist zuständig für die übrigen.

Bei der Wahl zur Nationalversammlung am 19. Januar sind es neben dem Sicherheitsdienst vermutlich Regimentsangehörige, die als Doppelposten „alle Wahllokale und Hauptstraßen" sichern.

Wahrscheinlich ist der ASR auch beteiligt, als es Anfang Februar darum geht, Leer zum neuen, festen Standort des Infanterie-Regiments zu machen, das auf absehbare Zeit nicht nach Trier in die entmilitarisierte Zone links des Rheins zurückkehren kann. Aber diese Pläne zerschlagen sich. In dem neuen 100 000-Mann-Heer ist kein Platz für das zunächst in die Freiwilligen-Abteilung von Horn umgewandelte und dann unter der Bezeichnung Reichswehr-Kompanie I. R. 29 geführte Regiment. Es wird im Mai oder Juni 1919 aufgelöst.

Konflikte mit der Bürgerschaft

Die Zusammenarbeit zwischen ASR, Volksbund, Stadtverwaltung und Militär bzw. zwischen der Arbeiterschaft und dem Bürgertum klappt fast reibungslos. Die Bereitschaft aller Gruppen, auf radikale Forderungen zu verzichten und die politischen Meinungsverschiedenheiten ohne große Polemik oder gar Verleumdungen auszutragen, sichert den sozialen Frieden in der Stadt. Auf allen größeren politischen Versammlungen kommen Vertreter der verschiedenen Parteien und Strömungen zu Wort.

Konflikte bleiben dennoch nicht aus, sind aber die Ausnahme und verändern das politische Klima in der Stadt nicht. Am 28. November gerät der ASR in die Kritik, weil er zum 1. Dezember die Einführung des Acht-Stunden-Tages per Bekanntmachung befiehlt. Zopfs spricht von einem „unrechtmäßigen Alleingang" des ASR. Die Vorwürfe werden aber umgehend zurückgenommen, weil der ASR klarstellen kann, dass er nur eine Anordnung der Regierung umgesetzt hat. Zopfs' Ärger geht nun in eine andere Richtung: „Der von der neuen Regierung eingeführte Achtstundentag zwingt uns, unsere Geschäftsstelle um 6 Uhr abends zu schließen", heißt es in einer Anzeige des Leerer Anzeigeblatts am 3. Dezember. Das LAB vergisst auch zwei Wochen später in einem Bericht über die Sitzung des Bürgervorsteherkollegiums und des Magistrats nicht zu erwähnen, dass die Gründe für die Erhöhung der Gas-, Strom- und Wasserpreise zum neuen Jahr der Acht-Stunden-Tag und höhere Löhne seien.

Auf eine härtere Bewährungsprobe wird der Konsens der herrschenden Kräfte gestellt, als am 30. Januar die Arbeiter auf die Straße gehen. Es ist zwar, wie bereits erwähnt, in erster Linie eine Demonstration für die Verbesserung der Lebensmittelversorgung, sie richtet sich aber auch gegen das Leerer Anzeigeblatt. Die Arbeiter sind mit der „Haltung des Blattes in Bezug auf Arbeiterfragen" nicht einverstanden. Im Gegensatz zu der gemäßigten und insgesamt gegenüber Arbeiterforderungen wohlwollenden lokalen Berichterstattung sind die Korrespondentenberichte im LAB oft sehr scharf formuliert. Häufig zitiert das Blatt die „Deutsche Allgemeine Zeitung", die rechten Kreisen der nationalliberalen DVP nahe steht. Es kommen allerdings auch der sozialdemokratische „Vorwärts" und die DDP-nahe „Vossische Zeitung" ausführlich zu Wort.

Die Versicherung von Zopfs, alle Artikel zu vermeiden, die gegen die Arbeiter gerichtet seien, reicht den Arbeitern nicht. Aus der Menge wird gefordert, das Blatt zu übernehmen und als eigene Zeitung namens „Die Tat" herauszubringen. Der Vorsitzende des sozialdemokratischen Wahlvereins, Rudolf Heyer, stellt sich mit Hinweis auf die Pressefreiheit vor Zopfs und kann die Arbeiter dazu bewegen weiterzuziehen. Conrad Bruns wertet den Ausgang dieser Demonstration als „Beweis dafür, daß die Arbeiterschaft geschlossen hinter ihren Führern stehe", muss aber einige Tage später bei einer Versammlung des Kreis-Bauern- und Landarbeiterrats einräumen, dass der ASR vorher nicht informiert worden sei. Es ist Unruhe in der Stadt spürbar, weil es immer noch nicht genug zu essen gibt. Außerdem friert es seit mehreren Tagen und es werden Befürchtungen laut, dass die Kohlevorräte nicht reichen könnten.

Eine Episode, die ebenfalls als Hinweis auf eine zunehmende Gereiztheit in der Arbeiterschaft gedeutet werden kann, ist der Streit über die rote Fahne. Am 31. Januar beschließen Magistrat und Bürgervorsteherkollegium auf Antrag von Senator Brouër einstimmig „das dringende Ersuchen, die rote Fahne vom Rathausturm zu entfernen". Als der Beschluss einige Tage später in der Stadt bekannt wird, macht sich „große Erregung" breit. Eine für den 6. Februar geplante Fahnen-Demonstration verhindert der ASR, indem er an diesem Tag die Fahne „aus Anlaß des Zusammentritts der Nationalversammlung" aushängt. Offiziell weist der ASR darauf hin, dass in Leer die rote Fahne nicht wie in Emden seit November ständig aufgezogen ist, sondern „nach unserem Ermessen" bei besonderen Anlässen gehisst wird. Die ganze Angelegenheit verläuft schließlich im Sande.

Konflikt mit dem Kreisbauern- und Landarbeiterrat

Bereits am 12. November 1918, nur drei Tage nach der Machtübernahme, ruft der Rat der Volksbeauftragten in Berlin die Landbevölkerung dazu auf, Bauernräte zu bilden, „um Ruhe und Ordnung auf dem Lande sicher zu stellen". Dies ist vom Standpunkt der Revolution sinnvoll und notwendig, um ein Machtvakuum auf dem Lande zu vermeiden, reaktionäre Gegenbewegungen zu verhindern und die Lebensmittel-Produktion sicherzustellen. Denn der Umsturz beschränkt sich, bis auf ganz wenige Ausnahmen, auf die Städte. Dort sind die zentralen staatlichen Einrichtungen, während es auf dem Lande so gut wie keine Verwaltung gibt. Der ASR bemüht sich in den Folgetagen, die Wahl von Bauern- und Landarbeiterräten (BLR) in den Gemeinden des Kreises Leer in die Wege zu leiten. Es gibt Ende November mehrere Informationsveranstaltungen – in Ihrhove, Steenfelde, Neermoor, Warsingsfehn, Stickhausen, Collinghorst und Westrhauderfehn – für die am 4. Dezember geplante Wahl. Der Urnengang wird unmittelbar vor dem Termin abgesagt, weil vom Reichsnähramt mittlerweile eine verbindliche Verordnung zur Wahl der Bauern- und Landarbeiterräte in jeder selbständigen Gemeinde eingetroffen ist.

Die Verordnung sieht Räte vor, die aus mindestens sechs Mitgliedern bestehen, je zur Hälfte Bauern und Landarbeiter bzw. Angehörige der nichtbäuerlichen Bevölkerung. Wahlberechtigt dazu sind „solche ortsansässigen Personen beiderlei Geschlechts, die zur Zeit der Wahl das 20. Lebensjahr vollendet haben". Die Räte sind „unverzüglich zu wählen", das Ergebnis muss bis zum 10. Dezember dem Landrat vorliegen. Zu den vorgesehenen Aufgaben der Bauern- und Landarbeiterräte gehören die Erfassung und der Schutz der vorhandenen Lebensmittel, die Bekämpfung des Schleichhandels, die Förderung der landwirtschaftlichen Produktion und die Erhaltung der bäuerlichen Betriebe. Die Organisation der Wahlen liegt nicht beim Arbeiter- und Soldatenrat, sondern wird den Gemeinden übertragen.

Diese Verordnung vom 22. November 1918 ist das Ergebnis einer politischen Auseinandersetzung zwischen der Reichsregierung und den bäuerlichen Organisationen. Sie zeigt, dass es den Bauern gelungen ist, ihre Interessen zu wahren und bestimmende soziale Gruppe auf dem Land zu bleiben. Die paritätische Zusammensetzung der Räte gibt nicht nur den Bauern ein viel stärkeres Gewicht, als es ihrem Bevölkerungsanteil in einigen Gemeinden entspricht. Die Zusammenfassung von Landarbeitern und nichtbäuerlichen Einwohnern – dazu gehören Handwerksmeister, Kaufleute, Ärzte, Lehrer, Pastoren usw. – bringt auf Kosten der lohnabhängigen Landarbeiter zusätzlich Personen der Dorfelite in die Räte und stärkt damit die überkommenen Macht- und Herrschaftsstrukturen, statt sie aufzubrechen.

Im Kreis Leer werden bis Ende Januar 1919 offenbar nur sechs Bauern- und Landarbeiterräte gewählt, wobei entgegen der Verordnung in fünf Fällen je zwei Gemeinden einen gemeinsamen Rat haben. Eine Kostenaufstellung des Landratsamts vom 25. Januar nennt folgende Räte: Hesel und Neudorf; Nüttermoor und Heisfelde; Breinermoor und Folmhusen; Rhaude und Rhaudermoor; Detern und Ammersum; Filsum. Ob für die übrigen Gemeinden noch Bauernräte gewählt werden, lässt sich nicht mehr sagen, bleibt aber für die weitere Entwicklung unerheblich. Die entscheidende Rolle übernimmt in den nächsten Wochen ohnehin der Kreis-Bauern- und Landarbeiterrat, in den jeder örtliche Rat je einen Obmann der Bauern und der Landarbeiter entsendet. Den Kreisbauernrat bilden die Landwirte Klaas Mansholt (Thedinga Vorwerk), Gerhard Rademacher (Breinermoor), Huisinga (Rhaude), Fr. Kramer (Detern), W. de Riese (Filsum) und der Gastwirt Focke Immega (Hesel). Der Kreislandarbeiterrat besteht aus dem Kolonisten Frerich Schön (Neudorf), dem Klempner B. Michaelsen (Heisfelde), dem Maurergesellen Karl Karels (Folmhusen), dem Maler Michaelsen (Rhaudermoor), dem Kolonisten Harm Zwick (Ammersum) und dem Maschinenhändler N. Janssen (Filsum). Zum Vorsitzenden wird Karels gewählt, sein Stellvertreter ist Michaelsen. Diese beiden sowie Janssen und Rademacher werden als Obleute in den erst am 29. März gebildeten Bezirks-Bauern- und Landarbeiterrat entsandt.

Mit der Wahl der Bauern- und Landarbeiterräte geht dem ASR Leer Einfluss auf dem Land verloren. Denn seine Auffassung, die Bauernräte seien ihm unterstellt, entspricht nicht den tatsächlichen Verhältnissen. Anfang Januar 1919 gibt Landrat Kleine bekannt, „alle Beschwerden der Bevölkerung der Landbezirke sind in Zukunft zunächst bei dem Obmann des Gemeinde-Bauernrats und zwar bei dem Obmann der Arbeitgeber anzubringen. Dieser hat sie dem gesamten Bauern- und Landarbeiterrat vorzulegen, der über die Beschwerde entscheidet... Es ist deshalb in Zukunft zwecklos, Beschwerden direkt an das Landratsamt, Kreiswirtschaftsamt oder an den Arbeiter- und Soldatenrat zu richten". Gleichzeitig entsteht im Kreis-Bauern- und Landarbeiterrat ein Gremium, das nicht tatenlos zusieht, wie der städtische Sicherheitsdienst auf dem Land vorgeht.

Der Sicherheitsdienst ist den Bauern ein Dorn im Auge. Durch die Kontrollen auf den Bahnhöfen wird der einträgliche Schleichhandel gestört. Die Gemeinden sollen auch für Verpflegung und Unterkunft der Sicherheitswachen zahlen. Außerdem decken Kempen und seine Leute immer wieder Geheimschlachtungen auf und beschlagnahmen – selbstverständlich gegen Quittung – Fleisch und Speck. Fast jeden Tag finden sich entsprechende Meldungen in den Zeitungen. Die beschlagnahmte Ware geht an die Lebensmittelsammelstellen. Die Mengen sind aber im Vergleich zum Bedarf für die Versorgung von 15 000 bis 16 000 Menschen gering.

Die Beschlagnahmungen bedeuten nicht nur wirtschaftliche Einbußen für die Bauern. Die Tatsache, dass ihnen vorsätzlich Lebensmittel vorenthalten werden, bewirkt zunehmende Verärgerung bei der städtischen Bevölkerung, die Anfang 1919 erheblich unter dem Nahrungsmittel-Mangel zu leiden beginnt. Die Bauern werden für die Misere verantwortlich gemacht. Als die wöchentliche Buttermenge auf 40 Gramm gekürzt wird, kommentiert das Leerer Anzeigeblatt: „Wenn es natürlich vorkommt, wie in Heisfelde, daß ein Landwirt von 17 Kühen täglich ganze 3 Liter Milch abliefert, dann ist's kein Wunder, daß wir keine Fettigkeiten mehr bekommen."

Zur offenen Konfrontation kommt es, als der Sicherheitsdienst unter dem Eindruck der Arbeiterdemonstration vom 30. Januar von Landrat Kleine weitreichende Kompetenzen erhält und Vereinbarungen des ASR mit dem Kreis-Bauern- und Landarbeiterrat gekippt werden. Kempen darf jetzt ohne richterliche Verfügung und ohne Beteiligung des Gemeindevorstehers, des örtlichen Bauern- und Landarbeiterrates oder der Landgendarmerie Haussuchungen vornehmen und die Hausschlachtungen überprüfen. In der Woche darauf beschlagnahmt der Sicherheitsdienst in Breinermoor 650 Pfund Speck, was eine Rüge durch den Kreis-Bauernrat zur Folge hat.

Der Kreis-Bauern- und Landarbeiterrat fordert öffentlich die „Absetzung Kempens auf dem Lande". Die Vollmacht zur Haussuchung müsse für ungültig erklärt werden, sie sei ungesetzlich. An dieser Versammlung am 6. Februar nehmen etwa 300 Menschen teil, darunter Sicherheitschef Kempen und ASR-Mitglied Eimers. Die Vertreter der Landgemeinden fordern für sich die Alleinzuständigkeit bei der Lebensmittelerfassung und verbitten sich jede Einmischung des ASR in ihre Angelegenheiten. Außerdem soll er keine Einwände gegen die Bildung von Bürgerwehren auf dem Lande erheben. Karels und Michaelsen werden als Kontrolleure im Kreiswirtschaftsamt eingesetzt; nur von ihnen unterzeichnete Schriftstücke sollen für die BLR verbindlich sein. Wenn die Forderungen nicht erfüllt werden, droht Karels, besetzen die Bauern die Lebensmittelstellen der Stadt. Im Gegenzug verspricht er, dass die Bauern 3000 Pfund Speck zur Verfügung stellen.

Auf einer Versammlung der „Arbeiter und Bürger der Stadt", die von Kaufmann Büttner geleitet wird, erhält Heinrich Kempen volle Rückendeckung für sein Vorgehen. Lediglich Amtsrichter Stendel verteidigt die Position des BLR, dass die Haussuchungen illegal seien, und fordert „im allgemeinen" die Auflösung des ASR. Die angedrohte Besetzung der Lebensmittelstellen will der Soldatenrat durch „genügend Sicherheitskräfte" verhindern. Auf die Forderungen des Kreis-BLR geht der ASR auf dieser Sitzung nicht näher ein, er erkennt aber einen Verhandlungsbedarf an.

Gleichzeitig versucht der ASR, sich von übergeordneter Stelle Rückendeckung zu holen. Am 10. Februar geht ein Telegramm an die Reichsregierung nach Berlin: „bitte hiesigen landrat telegraphisch anzuweisen lassen zu wollen dasz arbeiter und soldatenrat neben den bauernraeten des kreises revisionen auf schleichhandelsgut und geheimschlaechtereien auszuueben haben und dasz sie in der ausuebung dieses dienstes in keiner weise bei der verfolgung der schuldigen auf dem lande durch die bauernraete resp gemeindevorsteher behindert werden dürfen... schleichhandel nimmt in erschreckender weise ueberhand." Auf der Rückseite des Original-Telegramms hat der zuständige Staatssekretär im Reichsernährungsamt notiert, dass Arbeiter- und Soldatenräte „mit Einverständnis der zuständigen Behörden" beschlagnahmen dürfen; die Bekämpfung des Schleichhandels habe „durch die zuständigen Behörden unter Zuziehung der Bauern- und Landarbeiterräte zu erfolgen".

Die Verhandlungen zwischen ASR und Kreis-BLR mit Landrat Kleine als Vermittler ziehen sich über mehrere Tage dahin. Seine Position macht der Landrat auf einer Vollsitzung des ASR bekannt: Die Zuständigkeiten seien klar geregelt, der ASR habe kein Eingriffsrecht in die Angelegenheiten der BLR. Dagegen betrachtet der ASR die BLR nur als „Unterorgane". Bürgermeister Helms dringt in derselben Sitzung auf eine Verständigung, er weiß, dass die Stadt bei der Lebensmittelversorgung auf das Land angewiesen ist. Der ASR weist alle Vorwürfe gegen Kempen zurück; gleichzeitig erhebt er den Vorwurf „nachgewiesenermaßen ungesetzlicher Handlungen" gegen Obleute des BLR. Der ASR lehnt die Bildung von Bürgerwehren ab: Zuständig für die Sicherheit im Kreis sei allein der ASR.

Eine für den Abend des 12. Februars geplante Volksversammlung zu den Querelen sagt der ASR wegen der laufenden Verhandlungen ab. Das ruft am nächsten Vormittag „einige hundert Arbeiter" auf die Straße; sie wollen den Grund für die Absage erfahren. Dabei tritt zum ersten Mal der spätere örtliche KPD-Vorsitzende, der Schneider Harm Heikens, in Erscheinung. Die Tatsache, dass die zu diesem Zeitpunkt in Leer noch nicht organisierten Kommunisten in der Lage sind, für eine Demonstration gegen den ASR zu mobilisieren, ist sicher ein Indiz für die zunehmende Radikalisierung auf Grund der schlechten Versorgungslage. Conrad Bruns verspricht, eine Versammlung für den 15. Februar in den Schützengarten einzuberufen und dort einen Tätigkeitsbericht abzugeben.

Bis dahin legen ASR und Kreis-BLR ihren Streit bei. Der ASR kann seinen Standpunkt im Großen und Ganzen durchsetzen. Allerdings darf Kempen nur noch in Begleitung eines Mitglieds des örtlichen BLR Haussuchungen vornehmen.

Unter diesen Umständen wird das Thema auf der eigens dafür einberufenen Volksversammlung im Schützengarten, auf der der ASR das erste Mal überhaupt öffentlich Rechenschaft über seine Arbeit ablegt und an der „schätzungsweise reichlich 1000 Personen aus allen Bevölkerungskreisen der Stadt und des Kreises" teilnehmen, zunächst nur am Rande behandelt. Bruns beschränkt sich auf eine zusammenfassende Information, niemand meldet sich zu Wort. Erst am Ende der Sitzung, nachdem Bruns den angekündigten Tätigkeitsbericht vorgelegt hat, kommt die Angelegenheit doch noch zur Sprache: Auf Antrag von Adolf Grimme wird Kempen einstimmig das Vertrauen ausgesprochen. Einige Arbeiter empören sich über angebliche Äußerungen von Mitgliedern des Kreis-BLR, dass die Arbeiter für den Speck, den sie haben wollten, erst richtig arbeiten sollten.

Der Machtkampf zwischen ASR und Kreis-BLR ist beendet. Mit dem erzielten Kompromiss können beide Seiten leben. Schlagartig fehlen in der Zeitung Meldungen über Beschlagnahmungen. Es ist ohnehin nur noch eine Frage der Zeit, bis sich der Fall endgültig erledigt: Nach der Neuwahl des Bürgervorsteherkollegiums am 3. März gibt der ASR seine Befugnisse ab, der Sicherheitsdienst wird unter der Führung von Kempen in das IR 29 eingegliedert. Die Bauern- und Landarbeiterräte aber bleiben zumindest auf Bezirksebene wenigstens bis Mitte 1921 bestehen.

Die Auseinandersetzungen um Sicherheitschef Kempen haben gezeigt, dass das Verhältnis zwischen Stadt- und Landbevölkerung gespannt ist und bleibt. Wohl nicht zu Unrecht werfen die Leeraner den

Bauern vor, einen Teil der erzeugten Lebensmittel, vor allem Fleisch, Butter und Speck, nicht der Allgemeinheit zur Verfügung zu stellen, sondern zurückzuhalten bzw. auf dem Schwarzmarkt zu verkaufen. Die Bauern andererseits denken natürlich zuerst an sich und wollen nicht länger, wie in der Kriegszeit, ihre Erzeugnisse gegen festgelegte Niedrigpreise abgeben.

Parteienbildung nach dem Krieg

In Leer bilden sich schon bald nach der Revolution die ersten Ansätze politischer Organisationen. Zunächst versucht Zeitungsverleger Zopfs, durch die Gründung des Bürgervereins die bürgerlichen Kräfte in der Stadt zu bündeln und „bei der Neuordnung der Dinge" mitzuwirken. Im Ansatz sind das Ziele, welche die gleich nach Kriegsende neugegründete Deutsche Demokratische Partei (DDP) vertritt. Der Bürgerbund nimmt allerdings für sich in Anspruch, unpolitisch zu sein, und will gerade diejenigen beteiligen, die sich an keine Partei binden wollen. Bei der ersten „Vollversammlung des Bürgertums" am 16. November 1918 treffen allerdings schon die örtlichen Protagonisten der Hauptströmungen im Bürgertum aufeinander: der linksliberale Lehrer Adolf Grimme und der nationalliberale Amtsrichter Ernst Stendel. Obwohl Grimme und Stendel die Arbeit des Volksbundes unterstützen, gehen sie politisch getrennte Wege. Grimme strebt die Gründung eines Ortsvereins der DDP in Leer an. Die DDP ist eine echte Parteigründung der Nachkriegszeit und versucht, die alten liberalen Strömungen – nationalliberales Industriebürgertum auf der einen, demokratisches Handelskapital auf der anderen Seite – zu verschmelzen und den starken sozialistischen Kräften entgegenzusetzen. Ihre Mitgliedschaft rekrutiert sich aus dem breiten Mittelstand, den Kaufleuten, den mittleren Beamten und demokratisch gesinnten Lehrern. In Leer ist neben Grimme der Kaufmann Ulrich Büttner der aktivste Parteikämpfer.

Der DDP-Ortsverein wird am 28. November auf einer öffentlichen Versammlung des „Vereins der Liberalen", an der nach Zeitungsberichten etwa 600 Leute teilnehmen, gegründet. Dabei kommt es erstmals zu Auseinandersetzungen mit Amtsrichter Stendel, der sich und die Nationalliberalen deutlich von der DDP und ihrem Anspruch, ein liberales und demokratisches Sammelbecken zu sein, abgrenzt. Stendel kritisiert erstmals öffentlich auch die Arbeit des ASR, namentlich die Einführung des Acht-Stunden-Tags. Einen offenbar recht heftigen Wortwechsel liefert sich Stendel mit dem DDP-Mann Jan Fegter aus

Norden. Dabei geht es vor allem um die Haltung des Vorsitzenden der Deutschen Volkspartei (DVP), Gustav Stresemann, die zwischen den beiden Parteien zum Hauptstreitpunkt geworden ist. Stresemann hat im Krieg den uneingeschränkten U-Boot-Krieg befürwortet und sich für einen Annexionsfrieden, die Eingliederung besetzter Gebiete, stark gemacht. Als Stresemann am 5. Januar in Leer spricht, geraten auch Grimme und Büttner mit Stendel in aller Öffentlichkeit über das Thema aneinander.

Unklar ist, wann sich die Deutsche Volkspartei, die an die Nationalliberale Partei der Vorkriegszeit anknüpft, organisatorisch in Leer formiert. Die Gründung eines Ortsvereins wird nirgends erwähnt, allerdings gibt es früh einen Nationalliberalen Wahlverein, und im Januar 1919 tauchen in den Lokalzeitungen Anzeigen der DVP-Ortsgruppe auf. Amtsrichter Stendel steht auf Platz 3 der Liste seiner Partei für die Wahl zur Nationalversammlung und ist Spitzenkandidat bei der Wahl zur Preußischen Landesversammlung. Er zeichnet sich als besonders eifriger Wahlkämpfer aus mit zum Teil zwei Veranstaltungen an einem Tag.

Die Ortsgruppe der Deutschnationalen Volkspartei (DNVP) für die Stadt und den Kreis Leer wird am 3. Januar 1919 gegründet. In der DNVP sammeln sich die Anhänger der konservativen Vorkriegsparteien, die Monarchisten und Revolutionsgegner. Erster Vorsitzender der Ortsgruppe ist der Malerobermeister und stellvertretende Präsident der Handwerkskammer Aurich, Dietrich Sanders. Dem Vorstand gehören Kreisschulinspektor Smidt, der Bankbeamte Bergmann, Oberlehrerin Trentepohl, Direktor Scheidemann und der Nettelburger Gemeindevorsteher Oldigs an. Der Aktivposten der Partei ist aber, nach den zahlreichen von ihm bestrittenen Wahlveranstaltungen zu urteilen, der Anzeiger-Redakteur Matthiesen. Die Geschäftsstelle des Allgemeinen Anzeigers in der Osterstraße ist offizielle Anlaufstelle der Ortsgruppe.

Während die bürgerlichen Parteien sich längst formiert haben, treten die örtlichen Sozialdemokraten erstmals Anfang Dezember öffentlich in Erscheinung. Der SPD fehlen die politischen Persönlichkeiten, wie

es Grimme oder Stendel für die bürgerlichen Kräfte sind; Louis Thele-
mann und Hermann Tempel, die beiden herausragenden Leeraner So-
zialdemokraten in den 20er Jahren, sind noch nicht in der Stadt. Einen
Ortsverein im eigentlichen Sinne gibt es zu dieser Zeit offenbar nicht,
jedenfalls taucht namentlich immer nur ein sozialdemokratischer
Wahlverein auf, dessen Vorsitzender Konsumgeschäftsführer Rudolf
Heyer ist. Der Wahlverein organisiert am 7. Dezember im sozialdemokratischen Stammlokal, dem Fischerschen Saal an der Wörde, eine
Versammlung, auf der der Wilhelmshavener Paul Hug spricht. Der
Sozialdemokrat ist Mitglied der provisorischen Regierung des Freistaats Oldenburg. Auf der Versammlung der Sozialdemokraten greift
Rechtsanwalt Hibben den Arbeiter- und Soldatenrat an und macht
auch noch liberalen Wahlkampf: „Freiheit, Friede und Brot gebe es
nicht über sozialistische, sondern über bürgerliche Listen", zitiert ihn
das Leerer Anzeigeblatt.
Das ist typisch für die politischen Veranstaltungen der ersten Nach-
kriegswochen: Das zahlreiche Publikum – meistens sind die Säle brechend voll – besteht nicht nur aus den eigenen Anhängern, auch die
politische Konkurrenz ist da und erhält Rederecht. Es geht dabei meistens friedlich und gesittet zu. Aber in einem Fall droht die Situation zu
eskalieren. Am 5. Januar spricht DVP-Vorsitzender Gustav Stresemann in Leer. Der Andrang ist riesig, schon lange vor Beginn ist es
„nur unter Kämpfen mehr möglich, sich einen Platz im Saal zu ergat-
tern". Hunderte müssen draußen bleiben. In dieser allein durch die
räumliche Enge angespannten Situation verlangt der aus Rüstringen
angereiste SPD-Parteisekretär Reuter uneingeschränktes Rederecht.
Als ihm Versammlungsleiter Stendel nach längerer Diskussion eine
Stunde Redezeit einräumt, droht Reuter die Veranstaltung platzen zu
lassen. Offenbar schon mit dieser Absicht im Saal verteilte sozialdemokratische „Sprengkommandos" versuchen, zu den Ausgängen zu
gelangen und Teile des Publikums mitzureißen. Im Saal ist es aber so
voll, dass sie in der Menge stecken bleiben. Außerdem lassen sich die
Saaltüren wegen der draußen wartenden Menschenmenge nicht öff-

nen. Die ganze Aktion verpufft, wie der Berichterstatter des Allgemeinen Anzeigers mit deutlich spürbarer Genugtuung schreibt.

Keine Bedeutung in Leer hat die linke USPD. Nur einmal taucht im Januar 1918 ein „unabhängiger Sozialdemokrat Thomas" als Diskussionsteilnehmer bei einer Versammlung der DDP auf. Erst im August 1919 wird in Leer ein Ortsverein der USPD gegründet, mit Hilfe der Emder USPD.

Ebenfalls mit Unterstützung aus Emden schaffen die Kommunisten ihre Parteistrukturen in Leer. Das geschieht aber nicht vor April 1919. Die KPD hat allerdings vorher in Leer eine größere Anhängerschaft, die sich schon Mitte Februar zu einer Demonstration gegen den ASR mobilisieren lässt.

Im Januar 1919 gibt es mindestens eine große Veranstaltung der katholischen Deutschen Zentrumspartei. Die Partei mit einer konfessionell gebundenen Anhängerschaft schafft es, den Fischerschen Saal, der ansonsten Parteilokal der Sozialdemokraten ist, bis zum letzten Platz zu füllen. Örtlicher Kandidat des Zentrums für die Landesversammlung ist Postassistent Bernhard Kniep auf Platz 8 der Liste.

Die sich für die Loslösung der Provinz Hannover von Preußen einsetzende Deutsch-Hannoversche Partei mobilisiert bei einer Wahlveranstaltung am 12. Januar 150 Zuhörer. Die Neigung zum Separatismus ist unter den Ostfriesen offenbar nicht groß. So stellt der Redakteur des Leerer Anzeigeblatts fest: „Die nachfolgende Aussprache ... dürfte die deutsch-hannoversche Partei davon überzeugt haben, daß in Leer keinerlei Boden für ihre Bestrebungen vorhanden ist."

Die Wahl zur Nationalversammlung

Mit der Übergabe der Regierungsgewalt an Friedrich Ebert verknüpft Reichskanzler Max von Baden die Bedingung, bald eine verfassunggebende Nationalversammlung einzuberufen. Beiden muss klar gewesen sein, dass es dafür in der Verfassung des Kaiserreichs keine Grundlage gibt und die Übergabe der Amtsgeschäfte damit einem Staatsstreich gleichkommt. An der Notwendigkeit einer aus freien Wahlen hervorgegangenen Nationalversammlung gibt es nach der Revolution in der Bevölkerung kaum Zweifel, lediglich ein kleiner radikaler Teil sieht die Zukunft in einer Räterepublik.

Allerdings belastet der Streit über den genauen Termin die Zusammenarbeit zwischen den Mehrheitssozialdemokraten und den Unabhängigen Sozialdemokraten im Rat der Volksbeauftragten. Die MSPD will einen möglichst frühen Termin, um schnell geordnete Verhältnisse, das heißt eine parlamentarische Demokratie, zu schaffen. Die Mehrheitssozialdemokraten, allen voran Ebert, haben die Revolution nicht gewollt und sind nun bestrebt, sie schnell hinter sich zu bringen. Sie setzen auf das Legalitätsprinzip, auch auf die Gefahr hin, die Macht wieder zu verlieren. Die USPD dagegen hofft, durch einen späten Termin möglichst viele politische Ziele erreichen zu können. Ende November einigt man sich auf den 16. Februar 1919. Der Kongress der Arbeiter- und Soldatenräte, der Mitte Dezember in Berlin tagt, zieht den Termin der Wahl dann um vier Wochen auf den 19. Januar vor – ein Zeichen für das mehrheitssozialdemokratische Übergewicht in den Arbeiter- und Soldatenräten.

Am 24. Dezember erscheint in der Leeraner Lokalpresse der Wahlaufruf zur Nationalversammlung. Wahlberechtigt sind alle Deutschen ab 20 Jahren. Gewählt wird nach dem Verhältniswahlrecht, es gibt keine Einzelbewerber, in den einzelnen Wahlkreisen treten Parteilisten an. Leer gehört zum Wahlkreis 15, der aus den Regierungsbezirken Aurich und Osnabrück sowie dem Land Oldenburg besteht und sieben Vertreter in die Nationalversammlung entsendet. Bei etwas mehr als einer Million Einwohnern gibt es 580 000 Wahlberechtigte. Noch vor

Jahresende werden die Wahlvorschläge bekannt. Im Wahlkreis 15 treten sieben Parteien an: DNVP, DVP (mit dem in Osnabrück ansässigen Stresemann als Spitzenkandidat), die Deutsche Zentrumspartei, DDP, SPD, Deutsch-Hannoversche Partei, USPD. Unter den Kandidaten sind Leeraner, allerdings nicht auf aussichtsreichen Positionen: Amtsrichter Stendel kandidiert auf Platz 3 der DVP, Malerobermeister Sanders kommt auf Platz 5 der DNVP. Grimme ist auf der DDP-Liste Ersatzmann für den auf Platz 5 gesetzten Norder Fegter.

In den wenigen Wochen bis zur Wahl am 19. Januar erlebt Leer eine in dieser Konzentration nie wieder erreichte Fülle von Wahlveranstaltungen, die Anzeigenspalten der beiden Lokalzeitungen sind voll von Aufrufen und Ankündigungen. Die Säle sind selbst bei wenig prominenten Rednern zumeist brechend voll. Die Menschen haben offenbar ein enormes Bedürfnis nach politischer Information und nach Diskussion. Mit eigenen Veranstaltungen von allen Parteien umworben werden die Frauen, die erstmals wählen dürfen. Dieses neue Recht ist so gewöhnungsbedürftig, dass sich die Leeraner Zeitungen wenige Tage vor der Wahl zu dem Hinweis veranlasst sehen, dass die Frauen sich bei der Stimmabgabe nicht durch ihre Männer oder Väter vertreten lassen dürfen, sondern selbst im Wahllokal erscheinen müssen.

In der Stadt werden acht Wahlbezirke, davon einer nur für die in Leer stationierten Soldaten, mit je einem zentralen Wahllokal eingerichtet. Die Wahllokale, die von 9 Uhr morgens bis abends um 8 Uhr geöffnet sind, befinden sich im Alten Gymnasium in der Königsstraße, im Gasthof Walhalla in der Wilhelmstraße, im Rathaus, in der lutherischen Mädchenschule am Ostersteg, im Zentralhotel in der Mühlenstraße, in Fischers Gasthof in der Wörde, im Hotel Union in der Osterstraße sowie im Bahnhofshotel in der Bremer Straße. Alle Wahllokale und die Hauptstraße werden am Wahltag von militärischen Doppelposten gesichert, eine Vorsichtsmaßnahme, die sich als nicht nötig erweist.

Das Wahlergebnis wird noch am Abend durch einen Sonderdruck des Leerer Anzeigeblatts in der Stadt bekannt gegeben:

Wahl zur Nationalversammlung in der Stadt Leer

SPD: 2188 Stimmen (35,7 %) DNVP: 318 (5,2 %)
DDP: 1983 (32,4 %) USPD: 5 (0,1 %)
DVP: 1168 (19,1 %) Hannover: 14 (0,2 %)
Zentrum: 442 (7,2 %) Ungültig: 6

Von den 7208 Wahlberechtigten sind 6124 zur Wahl gegangen, das ist eine Wahlbeteiligung von 85 Prozent.

Die SPD ist stärkste Kraft. „Die verhältnismäßig hohe Zahl der sozialdemokratischen Stimmen dürfte zu einem Teil wohl auf das Parteigezänk der bürgerlichen Parteien zurückzuführen sein", vermutet das Leerer Anzeigeblatt am nächsten Tag. Zur Enttäuschung besteht für das bürgerliche Lager in Leer aber kein Anlass. Auffallend ist das herausragende Ergebnis der beiden liberalen Parteien. Rund 32 Prozent erreicht die DDP in Leer, die DVP kommt auf stattliche 19 Prozent. Im Reich liegt der Anteil der DDP bei etwas mehr als der Hälfte, die DVP bekommt auf Reichsebene nicht einmal ein Fünftel des Stimmenanteils, den sie in Leer erreicht. Der Vergleich mit den Ergebnissen aus dem Regierungsbezirk Aurich und des Wahlkreises 15 (Seite 115) zeigt, dass die Stärke der bürgerlichen Parteien keine lokale Besonderheit in Leer ist. Klammert man aus dem Ergebnis im Wahlkreis 15 das wegen des hohen katholischen Bevölkerungsanteils zwischen Emsland und Osnabrück gute Abschneiden des Zentrums aus, ist das Verhältnis zwischen SPD, DDP und DVP etwa gleich.

Ergebnis im Wahlkreis 15

SPD   28 %   DNVP   2,3 %
DDP   24.5 %   USPD   4,3 %
DVP   12,9 %   Hannover 0,2 %
Zentrum 25,3 %

SPD, DDP und Zentrum erhalten aufgrund dieses Ergebnisses je zwei Sitze in der Nationalversammlung, die DVP einen.

Bemerkenswert sind in Leer der hohe Anteil der Zentrumswähler, der den katholischen Bevölkerungsteil widerspiegelt, sowie das äußerst schlechte Abschneiden der USPD, die mit 0,1 % weit hinter dem Ergebnis sowohl des Regierungsbezirks (4,9 %) als auch des Wahlkreises (4,3 %) bleibt. Wie bereits erwähnt, fassen die Unabhängigen erst sehr spät in Leer Fuß. Sie können offenbar nur dort Wählerstimmen an sich ziehen, wo sie aktiv sind. Die Nähe Wilhelmshavens – Präsident Bernhard Kuhnt ist Spitzenkandidat der USPD – dürfte den hohen Stimmenanteil von elf Prozent im Landkreis Wittmund erklären, umgekehrt könnte aus den Wahlergebnissen in Warsingsfehn (13,9 %), Nortmoor (10,3 %) und Folmhusen (6,1 %) auf eine USPD-Präsenz in der Gemeinde geschlossen werden. Die DNVP schneidet mit 5,2 % in Leer gegenüber dem Reichsergebnis von 10,3 % schlecht, verglichen mit dem Wahlkreis (2,3 %) aber gut ab. Die Deutsch-Hannoversche Partei spielt, wie erwartet, keine Rolle.

Für Leer liegen auch die Ergebnisse aus den acht Wahlbezirken vor (Seite 115). Sie könnten genaueren Aufschluss über das Wahlverhalten einzelner Bevölkerungsgruppen in der Stadt geben. Jedoch fehlt dafür detailliertes Datenmaterial über die soziale Zusammensetzung der acht Bezirke. Weil sie eine ungewöhnliche Wählergruppe darstellen, soll aber das Wahlverhalten der Soldaten im Wahlbezirk IV besondere Beachtung finden:

Ergebnis des Wahlbezirks IV (Soldaten)

SPD	50,8 %	DNVP	0,5 %
DDP	25,6 %	USPD	-
DVP	19,7 %	Hannover	-
Zentrum	3,3 %		

Eine Woche nach der Nationalversammlung wird am 26. Januar 1919 die preußische Landesversammlung gewählt, für die die USPD nicht kandidiert. Leer gehört zum Wahlkreis 15, den die Regierungsbezirke Aurich, Stade und Osnabrück bilden. Drei Leeraner kandidieren: Ernst Stendel steht auf Platz 1 der DVP-Liste, Adolf Grimme auf Platz 3 bei der DDP. Für das Zentrum tritt auf Platz 8 Postassistent Bernhard Kiep an.

Die Wahl zur Landesversammlung erfährt bei weitem nicht die Aufmerksamkeit wie die Wahl zur Nationalversammlung. In der Presse wird sie kaum erwähnt, die Zahl der Wahlveranstaltungen nimmt nach dem ersten Wahlsonntag schlagartig ab. Es werden am Vortag nur wenige Anzeigen in den beiden Lokalzeitungen veröffentlicht, um noch einmal Wähler zu mobilisieren. Das geringere Interesse schlägt sich in einer deutlich niedrigeren Wahlbeteiligung nieder. Sie liegt nur noch bei 70 Prozent. Der Wahlausgang ist nahezu gleich.

Wahl zur preußischen Landesversammlung in Leer

SPD	34,4 %	Zentrum	8,3 %
DDP	33,5 %	DNVP	5,2 %
DVP	18,0 %	Hannover	0,4 %

Bei den Soldaten ist der Rückgang der abgegebenen Stimmen deutlich höher als der Rückgang der Wahlbeteiligung insgesamt. Statt 421 gehen nur noch 219 Militärangehörige wählen. Das können Auswirkungen der laufenden Demobilisierung sein.

Ergebnis des Wahlbezirks IV (Soldaten)

SPD	49,8 %	Zentrum	4,6 %
DDP	26,9 %	DNVP	2,3 %
DVP	16,4 %		

Die beiden Wahlen zur Nationalversammlung und zur Landesversammlung geben in einer Momentaufnahme die politische Stimmung Anfang des Jahres 1919 wieder. Sie ist in Leer und weiten Teilen Ostfrieslands geprägt von einer breiten Zustimmung zu einer Zusammenarbeit zwischen Sozialdemokraten und Liberalen. Aber diese Stimmung ist nicht stabil. Das junge Parteiensystem hat seine endgültige Form noch nicht gefunden, die sich schon bald auch in Leer abzeichnende Radikalisierung führt zu einer starken Polarisierung, unter der vor allem SPD und DDP zu leiden haben, wie das Ergebnis der Reichstagswahl vom 6. Juni 1920 zeigt.

Reichstagswahl 1920 in Leer

SPD	18,9 %
DDP	13,1 %
DVP	31,2 %
Zentrum	6,9 %
DNVP	9,5 %
USPD	15,2 %
Hannover	3,7 %

Die Wahl des Bürgervorsteherkollegiums

Von der Mitwirkung an der städtischen Verwaltung ist am Ende des Kaiserreichs der größte Teil der Einwohner von Leer ausgeschlossen. Zwar gilt seit der Reichsgründung 1871 für die Wahlen zum Reichstag das allgemeine und gleiche Wahlrecht, wenn auch unter Ausschluss der Frauen, aber in den Städten und Gemeinden ist in Preußen das Wahlrecht auf das Besitzbürgertum beschränkt. Wählen darf nur, wer die Bürgerrechte besitzt und bestimmte Besitz- oder Vermögensverhältnisse nachweisen kann. Über die Zusammensetzung des 15-köpfigen Bürgervorsteherkollegiums entscheiden deshalb nur einige Hundert der rund 12 000 Einwohner der Stadt. Die Masse der Arbeiter, kleinen und mittleren Angestellten und Beamten, der kleinen Handwerker und Freiberufler ist ohne jegliche Mitwirkungsmöglichkeit. Obwohl die Stadt seit 1866 wieder zu Preußen gehört, wird Leer nach der hannoverschen Städteordnung von 1858 verwaltet; bemerkenswerterweise bleiben in Preußen, wo es schon seit 1808 eine einheitliche Städteordnung gibt, traditionelle Kommunalverfassungen bis ins 20. Jahrhundert bestehen. Die Handlungsgewalt in allen städtischen Angelegenheiten liegt in Leer beim Magistrat, der aus dem hauptamtlichen, auf zwölf Jahre gewählten Bürgermeister und vier auf Lebenszeit gewählten, ehrenamtlichen Senatoren besteht. Der Magistrat untersteht der Aufsicht des Regierungspräsidenten in Aurich; die Wahl seiner Mitglieder muss von der Regierung bestätigt werden, die dadurch direkte Einflussmöglichkeiten hat.

Als gewählte Vertretung der Bürgerschaft besteht neben dem Magistrat das dem heutigen Stadtrat vergleichbare zwölfköpfige Bürgervorsteherkollegium, das nur ein eingeschränktes Mitwirkungsrecht hat. Zwar müssen in allen wichtigen Angelegenheiten Magistrat und Bürgervorsteherkollegium gemeinsam entscheiden, aber es dürfen immer nur so viele Bürgervorsteher abstimmen, wie Magistratsmitglieder anwesend sind, also höchstens fünf. Das gilt auch für die Wahl der Senatoren und des Bürgermeisters. So ist gewährleistet, dass die Bürgervorsteher nie den Magistrat überstimmen und etwa dessen Zusammensetzung allein nach ihrem Willen verändern können.

Allerdings können durch Stimmengleichheit Entscheidungen blockiert und verhindert werden. So bringt das Bürgervorsteherkollegium 1903 den Plan von Bürgermeister August Diekmann zu Fall, alle Bürger zum Anschluss an die Kanalisation zu zwingen, und zwischen 1913 und 1916 sorgen „tiefgreifende Differenzen" zwischen Magistrat und Bürgervorstehern dafür, dass kein Nachfolger für den 1913 gestorbenen Diekmann gewählt wird.

Schon bald nach der Revolution ist abzusehen, dass die politischen Veränderungen nicht nur die Verfassung des Reiches betreffen würden. Auch die Kommunalverfassungen sind reformbedürftig; das allgemeine Wahlrecht etwa ist eine zentrale Forderung der SPD. Bereits am 18. November legt das Innenministerium fest, dass es bis zur gesetzlichen Regelung des kommunalen Wahlrechts keine Ersatz- oder Ergänzungswahlen geben dürfe. Der Arbeiter- und Soldatenrat Leer verlangt auf einer Vollversammlung am 19. Dezember, dass anstehende Neuwahlen von zwei Senatoren bis zur Neuwahl des Bürgervorsteherkollegiums verschoben werden.

Zu diesem Zeitpunkt ist noch überhaupt nicht abzusehen, wie und wann dieses Gremium neu gewählt wird. Die preußische Regierung lässt sich nämlich jetzt viel Zeit. Erst am 24. Januar 1919 gibt es eine Verordnung über die Neuregelung des Gemeindewahlrechts. Darin wird die Wahl der Stadtverordneten bzw. Bürgervorsteher geregelt und als spätester Wahltermin der 2. März 1919 festgelegt. Eine entsprechende Verordnung für die Wahl der Kreistage spätestens am 4. Mai 1919 wird am 18. Februar erlassen. Einschließlich der Übergangsfristen bis zum Zusammentritt der neugewählten Gremien kann es in Einzelfällen bis Juni 1919, also sieben Monate nach den Novembertagen, dauern, bis das letzte nach dem alten Recht gewählte Selbstverwaltungsorgan durch ein neues ersetzt wird. Erst für Ende August 1919 sieht die Regierung die Neuwahl der ehrenamtlichen Magistratsmitglieder (Senatoren) vor, während die hauptamtlichen Bürgermeister ausdrücklich im Amt bleiben sollen. Das Senatorenamt auf Lebenszeit wird abgeschafft, die Senatoren werden nur noch für jeweils eine Wahlperiode gewählt. Für diese Verzögerung dürfte nicht in erster Linie ausschlaggebend gewesen sein, dass die SPD noch über kein ausgereiftes, über die Wahlrechtsänderung hinausgehendes kommunalpolitisches Grundsatzprogramm verfügt. Entscheidend ist eher, dass in der Ministerialbürokratie, die sich schnell vom Schock der Revolution erholt hat, der Wille zur Reform fehlt und die Beamten gegen sie arbeiten.

Anfang Februar legen Bürgervorsteherkollegium und Magistrat den 2. März als Wahltag in Leer fest. Das Ortsstatut wird geändert und die darin festgelegte Zahl der Bürgervorsteher von 15 auf 24 erhöht. Dieser Beschluss hat aber nur eine Woche Bestand und muss nachgebessert werden, denn die Wahlverordnung sieht für eine Stadt von der Größe wie Leer zwingend 30 Sitze vor.

Ebenfalls in den ersten Februartagen kommt es zwischen den relevanten politischen Gruppen in der Stadt zur Einigung darüber, für die Wahl des Bürgervorsteherkollegiums eine Einheitsliste aufzustellen. Beteiligt daran sind der Volksbund, die Bürgervereine der vier Stadtbezirke, die politischen Parteien, die Berufsvertretungen und das Gewerkschaftskartell, nicht aber der Arbeiter- und Soldatenrat. Es ist das Ziel gewesen, „neue Unruhe und Erregung in unserer Bürgerschaft zu vermeiden". In Emden ist dagegen ein solcher Einigungsversuch ein paar Tage zuvor gescheitert. „Nach langen und schwierigen Verhandlungen" hat sich in Leer offenbar der Volksbund, ganz dem Selbstverständnis als politischem Sammelbecken entsprechend, mit seinen Vorstellungen durchgesetzt. Adolf Grimme hat schon bei der ersten Versammlung der Bürgerlichen eine Woche nach dem Umsturz verlangt, das „Parteigezänke" zu beseitigen, und tritt nun erneut vehement gegen „Parteipolitik im Rathaus" auf. Es müssten Männer und Frauen in das Stadtparlament geschickt werden, „die mit praktischem Sinn und klarem Geist erfüllt" seien. Ähnlich beschreibt Bürgermeister Helms ein paar Wochen später bei der Einführung des neuen Bürgervorsteherkollegiums dessen Funktion: Das Kollegium sei ein „Ort von Sachentscheidungen", nicht der Parteipolitik. Die städtischen Kollegi-

en müssten sich über alle Standesgrenzen hinweg als Arbeitsgemein-
schaft fühlen.

Der „Wahlvorschlag Klasen-Heyer-Sanders" wird am 25. Februar,
knapp eine Woche vor dem Wahltermin, bekanntgegeben. Die Liste
dokumentiert den Willen zur politischen Kontinuität in der Stadt und
zur Zusammenarbeit: Neun Bewerber – Gerhard Begemann, Onno
Boekhoff, Peter Brüning, Deddo Cramer, Andreas Gerdes, Heinrich
Klasen, Diedrich Sanders, Wilhelm Schmitpott und Lukas Schürmann
– sind bereits Bürgervorsteher, gehören aber verschiedenen politischen Lagern an. Daneben stehen die politischen Aktivisten jener
Tage auf der Liste wie Conrad Bruns und Dettmar H. Zopfs. Die Sozialdemokraten, die wegen des alten Wahlrechts nicht im Bürgervorsteherkollegium vertreten sind, erhalten aufgrund ihres Ergebnisses bei
der Wahl zur Nationalversammlung elf der 30 Plätze. Auch zwei
Frauen stehen auf der Liste.

Am 2. März geben 381 Leeraner ihre Stimme für die Einheitsliste ab.
Das sind bei 7208 Wahlberechtigten nur etwas mehr als fünf Prozent.
Die Soldaten und Schiffsbesatzungen, für die wieder ein eigener
Stimmbezirk eingerichtet wird, gehen überhaupt nicht zur Wahl. In
der geringen Beteiligung drücken sich nicht einfach nur Wahlmüdig-
keit, die fehlende politische Auswahl durch die Einheitsliste und die
Tatsache aus, dass die Bevölkerung wegen der dramatischer werdenden Lebensmittel-Knappheit andere Sorgen hat. Ein großer Teil der
Leeraner wird auch schlicht und einfach nichts von der Wahl und dem
geänderten Wahlrecht mitbekommen haben. Es hat vor der Wahl offenbar keine einzige öffentliche Veranstaltung gegeben, in der Lokalpresse sind im Zeitraum von gut einem Monat zwei knappe Artikel
und zwei amtliche Bekanntmachungen dazu erschienen. Die beteiligten Gruppen scheinen der Wahl keine besondere Bedeutung beigemes-
sen zu haben, obwohl sie immerhin das Ende der Kontrolle durch den
Arbeiter- und Soldatenrat und damit der Revolution bedeutet. Mit dem
Selbstverständnis, das Bürgervorsteherkollegium sei einzig ein „Ort
der Sachentscheidung", bedarf es im Grunde auch keines bestimmten
Wählervotums mehr. Sachentscheidungen sind Entscheidungen, die

den städtischen Gremien von außen aufgedrängt werden und unabhängig von Mehrheitsverhältnissen oder Wählerwünschen nach sachlichen Abwägungen getroffen werden müssen. Kommunalpolitik wird nicht als Gestaltungsmöglichkeit begriffen, sondern ist hier Verwaltung bestimmter, festgelegter oder sich aus den Umständen ergebender Aufgaben.

Am selben Sonntag wird auch der zwölfköpfige Gemeinderat im benachbarten, damals noch selbständigen Heisfelde gewählt. Drei Listen, eine sozialdemokratische und zwei bürgerliche, treten an. Die Sozialdemokraten mit dem Former Anton Feldmann an der Spitze erhalten sieben Sitze, die bürgerlichen Listen des Bauunternehmers Jürgen de Vries und des Landwirts Georg Martini kommen auf zusammen fünf. In Loga bildet sich für die Wahl der ebenfalls zwölfköpfigen Gemeindevertretung wie in Leer eine Einheitsliste, die von Bäckermeister Hermann Becker und dem Vorsitzenden des örtlichen Arbeiterrats, dem Former Loert Blank, angeführt wird. Weil damit schon der Wahlausgang vorweggenommen wird, sagt der Gemeindevorsteher die Wahl kurzerhand ab. Über den Ausgang der Wahlen in den übrigen damals selbständigen Leeraner Stadtteilen ist nichts bekannt.

Das neue Leeraner Bürgervorsteherkollegium tritt nur fünf Tage nach der Wahl, am 7. März, unter der Alterspräsidentschaft von Diedrich Sanders zur ersten Sitzung zusammen. Dr. Heinrich Klasen wird erneut zum Bürgerworthalter, zum Vorsitzenden des Bürgervorsteherkollegiums, gewählt; er tritt allerdings im September aus gesundheitlichen Gründen von diesem Amt zurück. Sein Nachfolger wird der bisherige Stellvertreter, der Kaufmann Andreas Gerdes. Vermutlich in der folgenden Sitzung im April werden der Sozialdemokrat Rudolf Heyer und DNVP-Mann Diedrich Sanders als weitere Mitglieder in den Senat gewählt.

Erst im August 1919 sieht eine neue Städteordnung für Preußen vor, auch alte Strukturen aufzubrechen. Das Bürgervorsteherkollegium, das seinen alten Namen behält, bekommt mehr Rechte und Mitwirkungsmöglichkeiten, auf Kosten der Senatoren, der ehrenamtlichen Magistratsmitglieder, während die starke Stellung des Bürgermeisters nicht angetastet wird. In Leer wird das politische Fundament dadurch nicht erschüttert. Der Magistrat wird am 14. Oktober 1919 komplett und einstimmig wiedergewählt, und auch Bürgermeister Helms wäre sicher nach Ablauf seiner Amtszeit wiedergewählt worden, wäre er nicht im Oktober 1920, „der Kleinstadt und der Kleinstadtarbeit müde", in den Vorstand der Landesversicherungsanstalt der Hansestädte nach Lübeck gewechselt.

Das Ende des Arbeiter- und Soldatenrats

Mit der Volksversammlung am 15. Februar 1918 im Schützengarten, auf die schon eingegangen wurde (Seite 58), nähert sich das Ende der Novemberrevolution und des Arbeiter- und Soldatenrats in Leer. Es ist der letzte öffentliche Auftritt von Conrad Bruns als Ratsvorsitzender, zwei Wochen vor der Wahl des neuen Bürgervorsteherkollegiums. Einen Tag nach der Wahl gibt der Soldatenrat auf einer Vollsitzung des ASR seine Auflösung zum 10. März bekannt. Der Sicherheitsdienst an den Bahnhöfen soll vom Rest des Infanterie-Regiments 29 übernommen werden. Der Arbeiterrat dagegen bleibt bestehen. Er will die „Klärung der innenpolitischen Lage" und die mögliche Verfügung des Innenministeriums über eine Auflösung der Räte abwarten. Es besteht für die Räte noch die Hoffnung, in irgendeiner Form zumindest auf betrieblicher Ebene Anteil am neuen Staatswesen zu haben, obwohl die Entwicklung der vergangenen Monate klargemacht hat, dass der Rat der Volksbeauftragten eine parlamentarische Demokratie ohne Räte-Elemente anstrebt.

Ende Februar steht auch die Selbstauflösung des Volksbundes der Bürger und Bauern auf der Tagesordnung. Zu diesem Schritt kann sich eine Versammlung am 21. Februar nicht durchringen. Die Diskussion wird „auf eine folgende Sitzung" vertagt, die es allem Anschein nach jedoch nicht mehr gegeben hat. So ist der Volksbund offenbar nie formal aufgelöst worden.

Um den Monatswechsel Februar/März lösen sich als Folge der Kommunalwahlen die Räte überall auf. Die Ausnahme in der Region ist Emden. Dort versucht der Rat auf Betreiben seines linken Flügels, auch nach der Wahl der Stadtverordnetenversammlung am 24. Februar Einfluss und Macht zu behalten. Um die vermeintlichen spartakistischen Umtriebe zu unterbinden, entsendet die Reichsregierung Truppen nach Emden, die den ASR am 27. Februar auflösen. In der Stadt wird daraufhin der Generalstreik ausgerufen, an dem sich ein großer Teil der Beschäftigten in den Betrieben beteiligt. Es gibt Verhandlungen zwischen der Stadt, dem ASR und den Regierungstruppen, wonach ein neuer Soldatenrat gewählt und der Sicherheitsdienst zugunsten einer Volkswehr aufgelöst wird. Diese Einwohnerwehr sorgt dann im Mai für einen schweren Zwischenfall. Als sie mit Waffengewalt gegen kommunistische Demonstranten einschreitet, gibt es drei Verletzte. Regierungstruppen werden angefordert, um für Ruhe und Ordnung zu sorgen.

In Leer erfolgt der Übergang friedlich und unter Beteiligung des Arbeiter- und Soldatenrats. Fünf Tage nach seiner Wahl tritt das Bürgervorsteherkollegium als demokratisch gewähltes Selbstverwaltungsorgan der Stadt zur konstituierenden Sitzung unter Alterspräsident Sanders zusammen. Darin stellt Bürgermeister Helms, ohne Widerspruch zu ernten, fest, dass die Kontrolle der Verwaltung durch den ASR „überholt und erledigt" sei.

Der ASR Leer ist zwar mit diesem Tag funktions- und vor allem machtlos geworden, sieht aber doch eine Perspektive. Conrad Bruns versucht noch einige Zeit, die Beratungstätigkeit im Rathaus aufrechtzuerhalten. Die Stadtverwaltung stellt dazu weiterhin kostenlos das Büro im Rathaus zur Verfügung und trägt offenbar bis April die Kosten für drei hauptamtliche Mitarbeiter. Ab Mai ist aber nur noch Bruns im Rathaus tätig. „Seine Tätigkeit in bezug auf die Gemeindeverwaltung beschränkt sich darauf, daß er gelegentlich Beschwerden entgegennimmt oder irgendwelche Anregungen gibt oder weitergibt", hält Bürgermeister Helms Mitte Mai in einem Bericht an den Regierungspräsidenten fest. Der Arbeiterrat ist nur noch eine „ziemlich gegenstandslose und in der Luft schwebende Einrichtung".

Im Juli 1919 schränkt Bruns die Sprechstunden des Arbeiterrates ein, er konzentriert sich wieder auf seine Aufgaben als Gewerkschaftssekretär. Einen Auflösungsbeschluss aber gibt es nicht. Der Arbeiterrat bleibt formal über 1919 hinaus bestehen, ohne jemals wieder aktiv zu werden. Das letzte Mal erwähnt wird er in einem Bericht des Bürgermeisters vom 2. Januar 1920. „Praktische Bedeutung dürfte er in seinem jetzigen Zustande nicht mehr haben", heißt es darin.

Der Arbeiterrat ist sang- und klanglos eingegangen, vermutlich hat niemand in der Stadt davon Notiz genommen. Der Enthusiasmus der

Novembertage ist in der Not der beginnenden Weimarer Republik verflogen. Der erste Jahrestag der Revolution ist dem Leerer Anzeigeblatt
nur noch eine Meldung wert:

„Ruhiger fast als jeder andere Tag ist in unserer Stadt der Jahrestag
der Revolution verlaufen. Das Winterwetter mit Schnee und Frost hätte auch schwerlich eine Veranstaltung im Freien ermöglicht, wie sie
vor einem Jahre auf dem Marktplatz vor sich ging. Unsere Arbeiterschaft hat sich jeder Feier enthalten. Sie hat sogar trotz des Schnee-
wetters und des harten Frostes an einzelnen Stellen schwere Arbeit ge-
leistet. Im Dock wurde am Sonntag von morgens 8 Uhr bis nachmit-
tags 2 Uhr eifrigst die Entlöschung von Kohleschiffen betrieben. Diese Tätigkeit an einem Sonntag unter den ungünstigsten Witterungsver-
hältnissen verdient besonders anerkannt zu werden. Stände es so mit
der Arbeitsfreudigkeit in ganz Deutschland, wir wären wahrhaftig besser daran.“

Zusammenfassung

Vier Monate lang – von Anfang November 1918 bis Anfang März 1919 – war Leer, wie viele andere Städte in Deutschland, Ort eines Experiments. In dieser Zeit wurden die politischen Geschicke des Gemeinwesens von einem Arbeiter- und Soldatenrat (ASR) bestimmt. Der ASR bestand je zur Hälfte aus Vertretern der städtischen Bevölkerung (dem Arbeiterrat) und der in Leer liegenden Garnison (dem Soldatenrat) und hatte sich – ohne rechtliche Grundlage – nach dem Vorbild ähnlicher Gremien in anderen deutschen Städten gebildet.

Unter dem Vorsitz des Gewerkschafters Conrad Bruns versuchten im ASR Angehörige der Arbeiterklasse, des Bürgertums und Soldaten in der Stadt „Recht und Ordnung" aufrechtzuerhalten, während in Deutschland die Monarchie und die mit ihr verbundene politische Struktur zusammenbrachen. Dazu übernahm der ASR die administrative und polizeiliche Kontrolle in der Stadt und im Kreis Leer, ließ aber die bestehenden bürokratischen Strukturen und Hierarchien unangetastet.

Obwohl sich die Beteiligten von Anfang an als Teil der „deutschen Revolution" sahen, haben sie sich nicht als Revolutionäre verstanden oder wie solche verhalten. Politische Parolen oder Forderungen fehlten fast völlig. Umsturz war schon gar nicht Sache der Leeraner. Vielmehr ging es ihnen darum, im Zusammenbruch dem Recht zur Geltung zu verhelfen, für Stabilität zu sorgen und das Chaos von der Stadt fernzuhalten. In erster Linie bemühten sich die Männer – Frauen spielten im Arbeiter- und Soldatenrat keine Rolle – zusammen mit den örtlichen Verwaltungen, die Lebensmittelversorgung zu verbessern, durch den Aufbau eines eigenen Sicherheitsdienstes den sich ausweitenden Schwarzhandel zu bekämpfen und die Demobilisierung der heimkehrenden Truppen zu unterstützen.

Sobald sich die politischen Verhältnisse mit den Wahlen der Nationalversammlung und des städtischen Bürgervorsteherkollegiums normalisiert hatten, gab der Arbeiter- und Soldatenrat in Leer – im Gegensatz zu Emden, wo die Reichswehr einschritt und den dortigen ASR auflöste – seine Befugnisse ohne zu zögern und bedingungslos ab. Während der Soldatenrat Anfang März 1919 seine Auflösung bekannt gab, blieb der Arbeiterrat formal bestehen, ohne jemals wieder öffentlich in Erscheinung zu treten.

Einige der Aktiven der Novemberrevolution wie Bruns, Grimme, Stendel oder Zopfs setzten ihre politische Arbeit im Bürgervorsteherkollegium und anderen Gremien zum Teil noch Jahrzehnte lang fort. Andere kehrten ins Privatleben zurück. Spuren hat der Arbeiter- und Soldatenrat in Leer nicht hinterlassen. Die Erinnerungen verblassten schnell und nachhaltig in den schwierigen Zeiten, die der Novemberrevolution bald folgen sollten.

Anhang

Lebensmittelunruhen

Nach der Einsetzung der Nationalversammlung und der Wahl des Bürgervorsteherkollegiums sind wieder geordnete politische Verhältnisse in der Stadt eingekehrt. Der Übergang von der Revolutionszeit in die Demokratie erfolgt bruchlos, dank eines breiten Willens zur Zusammenarbeit und zur personellen Kontinuität.

Der Alltag der Menschen wird dadurch jedoch nicht besser. Die Versorgung nicht nur mit Nahrungsmitteln wird immer schlechter. Mitte März können die Leeraner Tageszeitungen an einigen Tagen nicht erscheinen, weil es kein Papier gibt. Streiks im Ruhrgebiet haben Auswirkung auf die Kohleversorgung in Ostfriesland. In Leer können einige Betriebe mangels Kohle nicht mehr arbeiten, das Gaswerk muss auf Reserven zurückgreifen und drosselt die Abgabe: Zwischen 14 und 17 Uhr wird das Gas gesperrt, nachts bleiben die Laternen aus. In Aurich gibt es zeitweise sogar nur fünf Stunden am Tag Gas.

Ein immer drängender werdendes Problem ist die Wohnungsnot in der Stadt. In einer Sitzung des Bürgervorsteherkollegiums fordert Conrad Bruns Mitte März die Stadtverwaltung zum Handeln auf, weil vielen Menschen die Obdachlosigkeit drohe. Die Stadtverwaltung beschränkt sich zunächst darauf, per Bekanntmachung möblierte Zimmer zu suchen. Anfang April ist die Wohnungsnot „in verschärftem Maße" zu spüren, es werden Zwangsmaßnahmen angedroht, falls leerstehende Wohnungen nicht gemeldet werden. Der Magistrat erlässt eine „Verordnung über Maßnahmen gegen Wohnungsnot", mit der er sich weitgehende Eingriffe in den Wohnungsmarkt ermöglicht. Er verbietet die Umnutzung und den Abriss von Wohnungen und behält sich das Recht vor, Mietpreise festzusetzen.

Im April verschlechtert sich die Versorgung mit Lebensmitteln. Eier und Butter werden teurer, die Fleischzuteilung wird weiter eingeschränkt, und bald tauchen in den Zeitungen wieder Klagen über die „unverschämten Wucherpreise" der Bauern auf. Ebenso der Vorwurf, dass die Landwirte lieber an auswärtige Hamsterer verkaufen. Als Schutzmaßnahme „gegen Eindringlinge aus dem Industriegebiet" schlägt der Kreistag am 21. März vor, nachts bewaffnete Patrouillen auf Streife zu schicken und wichtige Straßen mit Schlagbäumen und Posten zu sichern, um den Abtransport von illegal geschlachtetem Vieh zu verhindern.

Die schlechte Versorgungslage führt zu einer Radikalisierung der Arbeiterschaft. Am 6. April tritt, aus Emden organisiert, zum ersten Mal die KPD in Leer mit einer öffentlichen Versammlung in Erscheinung. Auf einer Volksversammlung am 10. April, zu der der Arbeiterrat möglicherweise als Reaktion auf die KPD-Versammlung aufgerufen hat, geht es ebenfalls um die Lebensmittelknappheit. Erstmals ist die Rede davon, dass Arbeiter hungern. Engelke Eimers, offenbar immer noch Vorsitzender der Lebensmittelkommission, gibt einen Lagebericht zur „Aufklärung und Beruhigung der erregten Gemüter", Conrad Bruns ruft zur Zurückhaltung auf: „Alle Demonstrationen führen nicht zum Ziel!" Am Ende wird beschlossen, eine Kommission zu bilden, die die Lebensmittelvorräte „in Stadt und Kreis besichtigt".

Eine Woche später, es ist die Karwoche 1919, spitzt sich die Lage zu. Am Gründonnerstag, 17. April, ziehen einige hundert Menschen zunächst im Rheiderland los, um „Speck und Butter gegen mäßige Preise, nötigenfalls zwangsweise" einzukaufen. Augenzeuge ist der Pastor von Landschaftspolder, Dr. Wilhelm Nordbeck:

„Durch Landschaftspolder und Heinitzpolder zogen an jenem Tag etwa 200 Menschen, alte und junge Arbeiter und Knechte. In den ersten Bauernhäusern verlangten sie Speck und Butter, und als sie beides bekommen hatten, fragten sie nach dem Preis. Die Antwort lautete, man wolle die Sachen schenken; die Bauern waren froh, den Haufen Menschen los zu werden. Nachher war das Fragen nach dem Preis unterblieben, die Leute waren immer ungeberdiger geworden und zuletzt war es zu argen Ausschreitungen gekommen. Am schlimmsten hatten insbesondere die jungen Leute da gehaust, wo sie auf Widerstand gestoßen waren; sie waren dann gewaltsam in die Häuser gedrungen, hatten die Schränke durchsucht, und insbesondere bei dem Landwirt B. war es zu Gewalttätigkeiten gekommen. Einer der Knechte hatte dem B. mit Gewalt einen Revolver entrissen, die Leute hatten ihn zu

Boden geworfen, und als sein Sohn ihm zu Hilfe kommen wollte, hatten sie auch diesen zu Boden geworfen und beide mit Stöcken geschlagen. – Der Ertrag des Beutezugs war nachher unter die Arbeiter verteilt worden. – Die Erregung in Landschaftspolder war ungeheuer. Zum Überfluß sollten die Arbeiter gedroht haben, sie kämen in den nächsten Tagen noch einmal um auch Wäsche und Kleidungsstücke zu holen."

Noch am selben Tag meldet der Landrat von Weener eine größere Zahl von „planmäßigen Plünderungen" an das Generalkommando des VIII. Armeekorps in Osnabrück. Plünderungen werden auch aus Möhlenwarf, Bunde, Bunderhammrich, Ditzumerverlaat und Dyksterhusen gemeldet. In Bunde kommt es dabei zu schweren Ausschreitungen, die Arbeiter sind „zum Teil mit Knütteln und Stöckern bewaffnet", Bauern werden angegriffen und Fensterscheiben und Haushaltsgegenstände „in sinnloser, wahnsinniger Wut" zertrümmert. Die Armeeführung in Osnabrück reagiert und teilt die 31. Infanterie-Brigade für den „erforderlichen militärischen Schutz" ein.

Aber die sich in der Auflösung befindenden Heereseinheiten können nicht schnell reagieren. Erst am Abend des 21. Aprils treffen die ersten Einheiten aus Papenburg in Jemgum, Hatzum und Bunderhammrich ein. Sieben Rädelsführer werden festgenommen. Zu diesem Zeitpunkt hat sich die Lage im Rheiderland schon wieder beruhigt, Bauern und Landarbeiter einigen sich über die Lieferung von Lebensmitteln zu festgelegten Preisen.

Dafür haben die Unruhen auf die Kreise Emden und Leer übergegriffen: „Große Volksmengen aus Emden brandschatzen gegenwärtig den Krummhörn auf Speck und Butter", heißt es in einem Telegramm aus Pewsum an den Regierungspräsidenten. Der Versuch, die Plünderungen mit in Aurich stationierten Truppen zu unterbinden, scheitert, weil in der Sicherheitskompanie zu viele Emder sind, die sich auf die Seite der Arbeiter schlagen könnten.

In Loga versammeln sich am Ostersonnabend, 19. April, laut Leerer Anzeigeblatt 50 bis 70 Menschen, darunter Frauen und Kinder, vor der Molkerei, weil in den Tagen zuvor weder Butter noch Margarine ausgegeben wurden. Weil es in der Molkerei nichts zu holen gibt, zieht die Menge in zwei Gruppen zu verschiedenen Bauern. Denen wird die Butter abgenommen, die am Ostersonntag unter den Bedürftigen verteilt wird. Als „Rädelsführer" wird der Vorsitzende des Logaer Arbeiterrats Loert Blank in einem Leserbrief an das LAB denunziert. Blank wird deswegen später vom Landgericht zusammen mit sechs weiteren Arbeitern wegen Erpressung und Hausfriedensbruchs zunächst zu drei Wochen Gefängnis verurteilt. Die Haftstrafe wird im Mai 1921 im Zuge eines allgemeinen Gnadenerweises für alle an den Plünderungen Beteiligten in eine Geldstrafe umgewandelt.

Nichts Näheres ist über die Plünderungen in den heutigen Leeraner Ortsteilen Heisfelde und Nettelburg bekannt. Aus Heisfelde werden einige Arbeiter wegen Erpressung, Land- und Hausfriedensbruch zu Haftstrafen von maximal drei Wochen verurteilt.

In Leer ist der Ausgangspunkt von Plünderungen eine Demonstration am 22. April. Zunächst versammeln sich etwa 500 Menschen, angeführt von dem Leeraner Spartakistenführer Harm Heikens und dem Emder Kommunisten Seitz, vor dem Rathaus. Sie machen den Behörden und dem Arbeiterrat Vorwürfe wegen der schlechten Versorgungslage. Bei der Demonstration machen nach den Ermittlungen der Staatsanwaltschaft Aurich „fast alle Arbeiter der Leeraner Betriebe" sowie die für die Notstandsarbeiten am Deich herangezogenen Arbeitslosen mit.

Anschließend zieht ein Trupp von 39 Leuten, in erster Linie Deicharbeiter, über die Esklumer Fähre ins Overledinger Land. In mehreren Gruppen gehen sie über die Dörfer und verlangen von den Bauern Speck, Butter und Fleisch. Der Zug der Arbeiter verläuft ruhig und ohne Gewalttätigkeiten. Die Bauern gehen auf die Forderungen ein und geben freiwillig die geforderten Lebensmittel heraus. Am Ende haben die Arbeiter außer Speck, Butter und Fleisch vier lebende Kälber und zwei Schafböcke bekommen. Ein Kalb wird schon unterwegs in Driever geschlachtet, der Rest abends in Leer. Durch den Erfolg ermutigt, ziehen dieselben Leute am Tag darauf durch Breinermoor, Backemoor und Schatteburg.

Damit es bei der Verteilung zu keinen Streitigkeiten kommt, hat sich einer der Arbeiter, Gerhard Raske, die Namen aller Beteiligten und ihre Anteile notiert. Das erleichtert später der Staatsanwaltschaft in Aurich die Ermittlungen. Es werden Verfahren gegen 40 Beteiligte eingeleitet, 35 kommen vor Gericht. Insgesamt werden in vier Prozessen wegen Plünderungen im Kreis Leer 46 Personen aus Leer, Loga und Heisfelde zu Haft- oder Geldstrafen verurteilt.

Die Unruhen sind so schnell vorbei, dass Behörden und Militär wenig Zeit finden zu reagieren. Es reicht kaum zu mehr als einigen spontanen Truppenverlegungen und einer, allerdings bezeichnenden Lageeinschätzung des Generalkommandos: „Die Plünderungen in einem Teile von Ostfriesland sind entstanden aus einer starken Spaltung zwischen Bauern und Stadt- und Landarbeitern, in erster Linie wegen der Teuerung der Lebensmittel", nur „vereinzelt wird die Lage von spartakistischer Seite verschärft". Erst am 27. April erlässt das Generalkommando in Osnabrück einen Korpsbefehl, der das Ergebnis einer Lagebesprechung am selben Tag beim Regierungspräsidenten ist. Es ist darin die Möglichkeit vorgesehen, den Belagerungszustand zu verhängen. Vor allem aber wird die Bildung von Einwohnerwehren gefordert, um die Militäreinheiten zu unterstützen. Das Generalkommando stellt dafür 2000 Gewehre und 40 000 Schuss Munition aus seinen Beständen zur Verfügung. Einwohner- bzw. Bürgerwehren gibt es zu diesem Zeitpunkt bereits in einigen Orten Ostfrieslands, so in Norden und Aurich. Welche der vorgesehenen „militärischen Maßnahmen" überhaupt umgesetzt werden, ist unbekannt. Schon drei Tage später werden die ausgerückten Truppenteile an ihre Standorte zurückbeordert.

Die Bauern sind durch die Plünderungen aufgeschreckt und fordern „die Mobilmachung der Bauernbataillone". Auf einer Versammlung am 26. April in Leer, an der rund 450 Landwirte teilnehmen, wird beschlossen, in den Gemeinden endlich Bürgerwehren aufzustellen. Der Leeraner Landrat Kleine scheint bisher die Bildung von Bürgerwehren zumindest nicht gefördert zu haben. Die Bauern beklagen, dass Anträge seit Wochen beim Kreis lägen, ohne dass etwas passiere. Da mag der Einfluss des ASR eine Rolle gespielt haben, der das Gewaltmonopol für seinen Sicherheitsdienst beansprucht und vielleicht die Bewaffnung reaktionärer Kräfte fürchtet. Vor den Bauern lehnt Conrad Bruns die Beteiligung der Arbeiterschaft an Einwohnerwehren ab mit der Begründung, sie wolle nicht gegen andere Klassen die Waffen benutzen. Aber schon wenige Tage später fordert Ludwig Kromminga die Arbeiter auf einer Mitgliederversammlung des Gewerkschaftskartells zum Eintritt in die Einwohnerwehr auf, die in Leer gebildet werden soll. Bis zu deren Gründung vergehen noch fast zwei Monate, weil es kaum Freiwillige gibt. Auf dem Land ist man schneller: Über die Gründung der 80 Mann starken Einwohnerwehr in Backemoor berichtet das LAB bereits am 2. Mai.

Die Leeraner Einwohnerwehr wird Ende Juni 1919 „im eigensten Interesse der Stadt und ihrer Einwohner" durch Bürgermeister Helms gegründet. Führer der Wehr wird ein Rechtsanwalt, Justizrat Corn Hemkes, sein Stellvertreter das DVP-Mitglied Studienrat Dr. Wilhelm Döhrmann. Zwei Wochen später wird die Wehr in Züge nach den vier Stadtbezirken sowie in Gruppen nach Straßen eingeteilt. Über die Stärke der Wehr bei ihrer Gründung kann nur spekuliert werden. Im September 1919 beträgt sie nach einer Aufstellung des Regierungspräsidenten 218 Mann, die alle mit einer Waffe aus den Beständen der Garnison ausgestattet sind. Da auch nach der Gründung immer wieder einmal beklagt wird, dass die Beteiligung zu gering sei, wird anfangs die angestrebte Soll-Stärke offenbar nicht erreicht. Eine ablehnende Haltung gegenüber der Wehr zeigt nicht nur „der ordnungswillige Teil der Arbeiterschaft". In der örtlichen Presse wird die Kaufmannschaft dafür kritisiert, dass sie sich geschlossen nicht beteiligt.

Die Garnison in Leer

Im Gegensatz zu Aurich und Emden sind in Leer zu Beginn des Ersten Weltkrieges keine Truppen stationiert; reguläre Garnisonsstadt wird Leer erst im April 1938, als eine Marineeinheit die neue Kaserne am südlichen Stadtrand (heute Evenburg-Kaserne) bezieht. Aurich ist die Garnisonsstadt in Ostfriesland. Dort sind das dritte Bataillon des Infanterie-Regiments 78, genannt das Ostfriesische, stationiert, ein Garnisonslazarett eingerichtet und die Kommandantur des Landwehr-Bezirks untergebracht. In Emden liegt außer Marine-Einheiten zum Küstenschutz das zweite Bataillon des Fußartillerie-Regiments von Hindersin (1. Pomm.) Nr. 2. Zum Friedensheer gehört zudem die Insel-Festung Borkum, als deren Wachtrupps Emder und Auricher Einheiten fungieren.

In Leer richtet das stellvertretende Generalkommando des X. Armeekorps bald nach Kriegsausbruch ein Reservelazarett ein. Es ist am Harderwykensteg im Gebäude des städtischen Lyzeums (Mädchenschule), dem Vorgänger des Teletta-Groß-Gymnasiums, untergebracht und nimmt wohl vor allem die Turnhalle in Beschlag. Das Lazarett wird vermutlich im Juli 1919 aufgelöst, als die Demobilisierung der aus dem Krieg zurückgekehrten Einheiten abgeschlossen ist.

Ebenfalls im ersten Kriegsjahr wird in der Stadt eine Heereseinheit aufgestellt, das Landsturm-Infanterie-Ersatzbataillon X/23, dessen erste Kompanie in Weener stationiert wird. Landsturm war in Preußen seit 1814 das Aufgebot aller waffenfähigen Männer vom 17. bis 45. Lebensjahr, die nicht den aktiven Einheiten des Heeres oder der Marine angehören oder die Altersgrenze für die Landwehr, das 39. Lebensjahr, überschritten hatten.

Kommandeur wird, wie in vielen anderen Fällen innerhalb des Heimatheeres, ein reaktivierter Kriegsveteran. Major Loeven, dessen Stammformation das in Oldenburg stationierte Infanterie-Regiment 91 ist, hat als junger Mann am deutsch-französischen Krieg 1870/71 teilgenommen und ist demzufolge schon über 60, als er das Kommando antritt. Der Landsturm, alles Männer aus Leer und Umgebung, ist

wahrscheinlich ebenfalls in Schulen oder anderen von der Garnisons-
verwaltung für diese Zwecke übernommenen Gebäuden untergebracht.

Leider ist das Bataillonstagebuch, das neben den am Ende des Zweiten Weltkrieges zerstörten preußischen Heeresakten aufschlussreiche
Details liefern könnte, verschollen. So muss auch die Truppenstärke
ein Feld für Spekulationen bleiben. Sie wird aber höchstens 500 Mann
betragen haben und dürfte eher noch darunter gelegen haben, denn
eine größere Garnison hätte sich entsprechend stark auf das öffentliche Leben der Kleinstadt mit rund 12 000 Einwohnern ausgewirkt und
wahrscheinlich, trotz kriegsbedingter Pressezensur, Niederschlag in
den Medien gefunden.

Die wenigen überlieferten Fakten – es gibt praktisch keine Berichte
über das Militär in den Lokalzeitungen – dürfen nicht darüber hin-
wegtäuschen, dass die damalige Bevölkerung durch den täglichen
Umgang mit Sicherheit im Großen und Ganzen über die Garnison,
ihre Zusammensetzung und ihre Größe Bescheid wusste. Es besteht
daher auch keine Notwendigkeit, als die Pressezensur gelockert wird
und der Soldatenrat aktiv in die Geschicke der Stadt einzugreifen beginnt, derartige Informationen zu verbreiten. Zudem herrscht der gesellschaftliche Konsens, dass das Militär, noch weit entfernt von der
heutigen Idee des "Bürgers in Uniform", als ein Staat im Staate seine
Angelegenheiten selbst regelt. Sie gehen den Zivilisten nichts an, und
sie interessieren ihn offenbar auch nicht. Bezeichnend dafür ist, dass
in den November-Tagen zwar zunächst zahlreiche Forderungen nach
Militärreformen erhoben werden, es aber nirgends zu einer öffentlichen Diskussion über die Zustände in der Armee kommt.

Anfang November 1918 gibt es also in Leer eine Garnison unbekann-
ter Größe. Sie besteht aus dem Landsturm und dem Reservelazarett.
Außerdem verfügt sie über eine - mehrfach genannte - Regimentskapelle, die sich keiner bestimmten Einheit mehr zuordnen lässt. Unklar
bleibt auch, ob später in verschiedenen Zusammenhängen genannte
Einheiten bereits vor Kriegsende in Leer stationiert sind oder erst da-
nach dort untergebracht werden.

Im November 1918 ist ein Major Leo Garnisonsältester. Über ihn und seine genaue Stellung ist nichts weiter bekannt; vermutlich gehört er zu den zahlreichen inaktiven Offizieren, die während des Krieges mit Kommandos im Heimatheer betraut werden. Dem Dienstgrad nach zu urteilen, dürfte er das Landsturm-Bataillon kommandieren. Weil sein Name mehrfach in verschiedenen Zusammenhängen erwähnt wird, ist eine Verschreibung des Namen Loeven wohl auszuschließen.

Leo wird als Garnisonsältester im Dezember von dem ranghöheren Kommandeur des nach Leer verlegten Infanterie-Regiments van Horn Nr. 29 (IR 29), Oberstleutnant Heinrings, abgelöst. Sein weiteres Schicksal bleibt, ebenso übrigens wie das des Landsturm-Bataillons Leer, im Dunklen. Vermutlich kehrt er nach abgeschlossener Demobilmachung seiner Einheit ins Privatleben zurück. Heinrings, dessen Stammformationen das Infanterie-Regiment Großherzog Friedrich Franz II. von Mecklenburg-Schwerin (4. Brandenb.) Nr. 24 ist, hat das IR 29 während des Krieges übernommen.

Das Infanterie-Regiment van Horn kommt am 15. Dezember 1918 direkt von der Westfront nach Leer. Sein Heimatstandort ist Trier. Es gehört zu den allerersten Einheiten, die unmittelbar nach der Mobilmachung in den Einsatz gegangen sind: In der Nacht zum 2. August 1914 waren Regimentseinheiten an der Besetzung Luxemburgs beteiligt. Weil die Rheinprovinz durch das Waffenstillstandsabkommen zur entmilitarisierten Zone geworden ist, dürfen die dort beheimateten Einheiten von der Front nicht mehr an ihre Standorte zurückkehren, sondern werden zur Abwicklung auf Standorte anderer Armeekorps aufgeteilt. Die 16. Division, zu der das IR 29 gehört, kommt nach Osnabrück; in Friedensformationen umgewandelt bzw. aufgelöst werden die Einheiten in Osnabrück, Papenburg und Leer; Einheiten der 15. Division wiederum kommen nach Aurich. Um die Soldaten unterzubringen, müssen die Schulen in der Stadt weitere Räume zur Verfügung stellen. Klagen über die Einquartierung und Beschädigungen durch die Soldaten bleiben nicht aus.

Obwohl die Stärke des in Leer einquartierten Regiments ebenso wie die des dort untergebrachten Ersatz-Bataillons 29 nicht bekannt ist,

muss davon ausgegangen werden, dass die Zahl der Militärangehörigen in der Stadt vorübergehend deutlich zunimmt. Nicht abzuschätzen
ist die Geschwindigkeit, mit der die Demobilisierung abläuft. Ein eigens gebildeter Demobilisierungsausschuss, der die Entlassungen
durch die Bereitstellung von Unterkünften und Arbeitsplätzen sozial
abfedern soll, tritt am 19. November das erste Mal zusammen. Ihm gehören unter anderem Landrat Kleine als Vorsitzender, Bürgermeister
Helms und Conrad Bruns sowie laut LAB „Arbeitgeber und Arbeit-
nehmer aller Berufsklassen" an. Die Auflösung der Einheiten geht anscheinend problemlos und wohlgeordnet über die Bühne. Zu „wilder
Demobilisierung" wie andernorts kommt es in Leer nicht. Trotz der
entlassenen Soldaten steigt auch die Arbeitslosigkeit nicht, die „hier
beheimateten Krieger" können alle durch den städtischen Arbeitsnachweis in eine Stellung vermittelt werden. In Emden übernimmt der Ar-
beiter- und Soldatenrat entlassene Militärangehörige als „Hilfsgen-
darmen" in den Sicherheitsdienst, „damit diesen eine Möglichkeit gegeben wird, ihre Familie zu ernähren". im Januar 1919 schlägt der
Steenfelder Ortsvorsteher B. Coordes vor, die Kontrolle der Eisen-
bahnhaltepunkte „hiesigen arbeitslosen heimgekehrten Kriegern" zu
übertragen. Ob dieses Ansinnen tatsächlich aus Sorge um die Mitbe-
wohner dem Regierungspräsidenten in Aurich vorgetragen wird oder
nur, um den gegen Schleichhandel so erfolgreichen Sicherheitsdienst
des Arbeiter- und Soldatenrats zu schwächen, sei dahingestellt.
Die Einheiten des Heimatheeres werden als erste unmittelbar nach
Kriegsende aufgelöst. Das IR 29 bleibt zunächst bestehen. Allerdings
schrumpft die Mannschaftsstärke bis auf Kompaniestärke zusammen.
Ende April 1919 ist die Einheit „90 Mann stark" und „in guter Diszi-
plin". Das Regiment hat seit Mitte Februar 1919 versucht, sich auf
Freiwilligen-Basis zu erhalten, um in die neue Reichswehr übernommen zu werden. Zwischenzeitlich ist sogar davon die Rede, dass Leer
neuer Heimatstandort des Regiments werden soll. Aber in dem neuen,
nur 100 000 Mann starken Heer ist dafür kein Platz. Vermutlich im
Juni 1919 ziehen die letzten Soldaten aus Leer ab.

Zeittafel

	DEUTSCHES REICH	**LEER**
1918	29. Oktober: Meuterei der Hochseeflotte in Kiel und Wilhelmshaven	
	4. November: Kiel in den Händen der Matrosen; es folgen Lübeck, Brunsbüttel, Hamburg und Cuxhaven	
	4./5. November: Gründung des ersten Arbeiter- und Soldatenrats in Kiel	
	7. November: In Bayern wird die Republik ausgerufen	Nach Bildung des Soldatenrats in Emden am 6. November und des Arbeiterrats am 8. November Gründung des Arbeiter- und Soldatenrats Leer am 8. und 9. November
	9. November: Der Kaiser dankt ab, Scheidemann ruft die Republik aus, Ebert wird Reichskanzler	
	10. November: SPD und USPD gründen Rat der Volksbeauftragten	

1918

12. November: öffentliche
Bekanntmachung, dass der
Arbeiter- und Soldatenrat
Leer die vollziehende Ge-
walt übernommen hat

14. November: erste und
einzige Kundgebung des
ASR

16. November: Bürgerver-
sammlung des Verlegers
Zopfs; Bürgerschaft
schickt vier Vertreter in
den ASR

21. November: Gründung
des „Vereins zur Wahrung
der Interessen der Bürger
und Bauern"

26. November: ASR rich-
tet einen Sicherungsdienst
in Leer ein

14. Dezember: Tausende
empfangen das Infanterie-
Regiment 29 in Leer

16. und 21. Dezember:
Ersten Allgemeiner Kon-
gress der Arbeiter- und
Soldatenräte in Berlin

1919   5. bis 12. Januar: Sparta-
kus-Aufstand in Berlin

15. Januar: Ermordung
von Rosa Luxemburg und
Karl Liebknecht

19. Januar: Wahl zur Na-   19. Januar: Bei der Wahl
tionalversammlung   zur Nationalversammlung
                                  werden SPD und DDP in
                                  Leer stärkste Parteien

                                  30. Januar: Arbeiterde-
                                  monstration in Leer für
                                  höhere Fettmengen

Februar: Bildung der Re-
gierung Scheidemann

                                  27. Februar: Arbeiter- und
                                  Soldatenrat in Emden auf-
                                  gelöst, Generalstreik

                                  28. Februar: Der Leeraner
                                  Arbeiterrat bleibt beste-
                                  hen, hat aber keine Befug-
                                  nisse mehr. In dieser Zeit
                                  löst sich der Arbeiter- und
                                  Soldatenrat Aurich auf

                                  2. März: Wahl zum Bür-
                                  gervorsteherkollegium in
                                  Leer
1919   3. März: Bei ASR-Vollsit-
                                  zung wird die Auflösung

des Soldatenrats zum 10. März beschlossen

7. März: erste Sitzung des Bürgervorsteherkollegiums: Arbeiterrat erhebt keine Ansprüche mehr auf irgendwelche Kontrollrechte

1. bis 3. Mai: Niederwerfung der Münchener Räterepublik

Bis 1. Juli: erst noch drei hauptamtliche Kräfte des Arbeiterrats, später nur noch Conrad Bruns in seinem Büro im Rathaus

28. Juni: Unterzeichnung des Versailler Vertrags

Ab 1. Juli: Arbeiterrat nur noch ehrenamtlich tätig

Bekanntmachung des Arbeiter- und Soldatenrats vom 10.11.1918

1. Die militärische Gewalt in Leer wird zur Aufrechterhaltung der Ordnung vom Garnisonsältesten und dem engeren Arbeiter- und Soldatenrat ausgeführt.
Der engeren Ausschuß besteht aus folgenden Herren:
Major Leo
Vizefeldwebel Saalfelder
Untffz. Poloczek
Landstrm. Kempen
Conrad Bruns
Engelke Eimers
Hugo Himmelstoß
2. Waffen und Munition werden vom Arbeiter- und Soldatenrat in Verwahrung genommen.
3. Den Anordnungen des Arbeiter- und Soldatenrats ist auch von den Zivilpersonen Folge zu leisten. Die Mitglieder des Arbeiter- und Soldatenrats tragen am linken Oberarm eine mit dem Stempel des Garnisonskommandos und des Arbeiter- und Soldatenrats versehene weiße Binde.
4. Der öffentliche Verkehr auch für Eisenbahn, Post und Telegraphie, wird unter Kontrolle des Arbeiter- und Soldatenrats aufrecht erhalten.
5. Anerkennung des von den Soldaten und Arbeitern aus eigenem Ermessen und eigener Machtvollkommenheit auf Grund seiner Wahlen hervorgegangenen Arbeiter- und Soldatenrats.
6. Freilassung der wegen Beteiligung an Friedens- und Freiheitsbewegungen und Kundgebungen Verhafteten und Verurteilten. Alle Leute, die sich keine entehrende Handlungen zu schulden kommen ließen, sind zu entlassen.
7. Sachgemäße Behandlung der Mannschaften durch Vorgesetzte.
8. Nachrichten- und Grenzwachdienst, soweit dieselben zur Grenzverteidigung notwendig sind, werden weitergeführt.

9. Beseitigung sämtlicher Vorrechte, die Offiziere bisher genießen durften, denn sie stehen im direkten Widerspruch mit dem Freiheits- und Gleichheitsprinzip. Diesen Vorrechten ist es zuzuschreiben, daß die innere und äußere Politik wie überhaupt die ganze Kriegspolitik so sinnlos betrieben und die Staatskarre heute so verfahren ist. In Erwägung dessen wird auf das Dringendste gefordert die Gleichstellung betreffs der Verpflegung, damit mehr Lebensmittel für die breite Masse des Volkes verfügbar werden. Abschaffung der Offizierskasinos und Köche.

10. Straffreie Rückkehr sämtlicher Kameraden an Bord und in die Kasernen.

11. Unbeschränkte politische Freiheit jedes Mannes nach Beendigung des Dienstes bis Beginn des nächsten Dienstes.

12. Jegliche Schutzmaßnahmen durch Blutvergießen haben zu unterbleiben.

13. Alle Maßnahmen zum Schutze des Privateigentums werden sofort vom Arbeiter- und Soldatenrat festgelegt.

14. Die Mitglieder des Arbeiter- und Soldatenrats sind von jedem Dienst befreit.

15. Aufhebung der Grußpflicht.

16. Aufhebung der Briefzensur mit Ausnahme der Briefe nach dem Ausland.

17. Offiziere und Beamte, die sich mit den Maßnahmen des Arbeiter- und Soldatenrats einverstanden erklären, begrüßen wir in unserer Mitte, alle übrigen haben ohne Anspruch auf Versorgung den Dienst zu quittieren.

18. Sämtliche in Zukunft zu treffenden grundsätzlichen Maßnahmen sind nur mit Zustimmung des Arbeiter- und Soldatenrats zu treffen.

19. Die Offiziere dürfen Degen und Achselstücke weiter tragen mit Ausnahme von Schußwaffen.

20. Sämtliche Kommunal- und Königliche Behörden sind dem Arbeiter und Soldatenrat unterstellt.

Arbeiter und Soldatenrat Leer.

Conrad Bruns. Vizefeldwebel Saalfelder.

Wir unterzeichneten Behörden unterstellen uns hiermit dem Arbeiter-
und Soldatenrat.
Leer, den 10. November 1918.
Der Magistrat gez. Helms. Der Landrat gez. Kleine. Das Garnisonskommando gez. Major Leo.

*Quelle: Leerer Anzeigeblatt 12.11.1919; Allgemeiner Anzeiger
13.11.1919; Stadtarchiv 26a/1176*

Verzeichnis der Personen und Gremien

In das Verzeichnis sind alle Personen aufgenommen, die zwischen November 1918 und Dezember 1919 in Beziehung zum Arbeiter- und Soldatenrat Leer standen, in der Stadtpolitik eine Rolle spielten oder einem städtischen Gremium angehörten. Es ist nicht in allen Fällen gelungen, die Personen zweifelsfrei zu identifizieren, weil nicht immer genügend persönliche Angaben vorhanden waren. Dies gilt besonders für die Offiziere und Unteroffiziere der Garnison, deren in Ostfriesland unbekannte Nachnamen darauf schließen lassen, dass sie von außerhalb kamen.

Adena, Hermann
Schlosser; örtlicher Arbeiter-(Gewerkschafts-)führer; Mitglied des Bürgervorsteherkollegiums (BVK) ab März 1919; Sozialdemokrat

Ambrassat
hilft bei der Bildung des ASR in Weener mit
(möglicherweise Karl Ambrasath, Leeraner Kohlenhändler)

Becker, Johann
Bäckermeister; Mitglied des BVK ab März 1919; DDP

Begemann, Gerhard
Direktor der Norder Bank AG; Mitglied des BVK; Gründungsmitglied der DDP

Blank, Loert
Vorsitzender des Arbeiterrats Loga

Boekhoff, Dr. Onno
Besitzer der Eisengießerei; Mitglied des BVK

Boelsen, Johann
Prokurist; Mitglied im ASR; Mitglied im BVK ab März 1919 (ab Sept. 19 stellvertretender Bürgerworthalter); Schriftführer im Bildungsverein

Börner, Johann
Kaufmann; Senator; DVP

Bonk, Poppe
Former; Mitglied des ASR; Sozialdemokrat
Brouër, Hermann
Senator; Mitinhaber der Schnapsfabrik Koolmann und Brouër; dänischer Konsul in Leer
Brüning, Peter
Spediteur und Landwirt; Mitglied des BVK
Bruns, Conrad Hermann
Tischlergeselle; Vorsitzender des ASR; Vorsitzender des Leeraner Gewerkschaftskartells; Mitglied im Aufsichtsrat des Konsumvereins für Leer und Umgebung; Mitglied des BVK ab März 1919; Sozialdemokrat
Bruns, Hayo
Reeder und Kaufmann; Mitglied des BVK ab März 1919; DDP
Bruns, Jan
Lagerhalter; Mitglied des BVK ab März 1919; Sozialdemokrat
Büttner, Albrecht
Kaufmann; bürgerlicher Vertrauensmann im ASR
Buß, Hinderk
Böttcher; Mitglied des ASR; ab März 1919 im BVK; Sozialdemokrat
Claere
Major; Kommandant des Ersatz-Bataillons 29
Coordes, Bernhard
Landwirt; Gemeindevorsteher von Steenfelde
Cramer, Deddo
Kaufmann; Mitglied des BVK
Davidsohn, Dr. Georg
Sozialdemokrat; Mitglied des Reichstags und Gesandter der Reichsregierung; Redner einer Kundgebung am 15.11.1918
Degenaar, Hero
Lehrer; zunächst Vorsitzender des gemeinsamen Bildungsausschusses von ASR und Volksbund, dann Vorsitzender des Bildungsvereins; ab März 1919 im BVK

Döhrmann, Dr. Wilhelm
Studienrat; stellvertretender Führer der am 30.6.19 gebildeten Bürgerwehr; DVP

Eimers, Engelke
Inhaber der Fries. Nähr- und Genussmittelwerke; Mitglied des ASR (Hauptausschuss); Vorsitzender der Lebensmittelkommission; der DDP nahestehend

Epkes, Johann
Magistratssekretär; Vorstand des Bürgerausschusses; Mitglied des BVK ab März 1919; ab 1925 Mitglied der SPD; nach dem 2. Weltkrieg ernannter Bürgermeister und erster gewählter Stadtdirektor von Leer (1883-1948)

Fesenfeld, Carl
Kaufmann; Vertreter des Sanitätspersonals im ASR ab 29. November; 1919 Vorsitzender des Allgemeinen Bürgervereins

Flitz
Landsturmmann; Mitglied des ASR ab 29. November (möglicherweise: Johann Flitz, Agent)

Freesemann, Johann
Schriftsetzer; Mitglied des BVK ab März 1919

Garrels, Hermann
Kaufmann; Senator; DDP

Gerdes, Andreas
Kaufmann; Mitglied des BVK; stellv. Bürgerworthalter; ab Sept. 1919 Bürgerworthalter

Grimme, Adolf
Studienassessor; bürgerlicher Vertrauensmann im ASR; Vorstand des Bürgerausschusses; Mitbegründer und zweiter Vorsitzender des Bildungsvereins; Gründungsmitglied der DDP; Mitglied der preußischen Landesversammlung; preußischer und nach dem 2. Weltkrieg niedersächsischer Kultusminister und Intendant des Nordwestdeutschen Rundfunks

Gronewold, L.
Mitglied des ASR; von April bis Mai 1919 als Schriftführer im Haupt-
ausschuss
(möglicherweise Lüpke Groenewold)
Groot, R.
Westermarsch; Lehrer; Geschäftsführer des Bezirks-Bauern- und
Landarbeiterrats
Gruis, Jan
Transportarbeiter; stellv. Vorsitzender des sozialdemokratischen
Wahlvereins; im Aufsichtsrat des Konsumvereins; Mitglied des BVK
ab März 1919; Sozialdemokrat
Heikens, Harm
Schneider; örtlicher Spartakistenführer und seit März/April 1919 ers-
ter KPD-Vorsitzender in Leer
Heinrigs
Oberstleutnant; Kommandeur des 29. Infanterie-Regiments; Garni-
sonsältester ab Dezember 1918
Helms, Emil
von 1917 bis 1920 Bürgermeister von Leer
Hemkes, Corn
Rechtsanwalt; Justizrat; Führer der am 30. Juni 1919 gebildeten Ein-
wohnerwehr
Heyer, Rudolf
Konsumgeschäftsführer; Vors. des sozialdemokratischen Wahlver-
eins; ab Januar 1919 Mitglied des Hauptausschusses des ASR; Mit-
glied des BVK ab März 1919; Senator
Heyer, Theodor
Schriftleiter (Allgemeiner Anzeiger für Ostfriesland); Vorstand des
Bürgerausschusses
Hieronymus, Gerhard
Polizeikommissar

Himmelstoß, Hugo
Arbeiter; Mitglied des ASR (Hauptausschuss)
Hug, Paul
Verleger (Norddeutsches Volksblatt) aus Rüstrigen; oldenburgischer
Landtagsabgeordneter der SPD; gehört zum regierenden Direktorium
des Freistaats Oldenburg; Mitglied der preußischen Landesversamm-
lung
Janet
Vizefeldwebel; Obmann des 29. Ersatz-Bataillons im Soldatenrat
Janssen, H.
Filsum; Obmann für den Bezirksbauern- und Landarbeiterrat
Janssen
Mitglied des BVK bis März 1919
Kampen
Maat, angeblich aus Wilhelmshaven; soll der Initiator der ASR-Bil-
dung gewesen sein
Karels, Karl (auch Carl Carels)
Maurergeselle aus Folmhusen; Vorsitzender des Kreis-Bauern- und
Landarbeiterrats; Obmann für den Bezirksbauern- und Landarbeiterrat
(Stellvertretender Vorsitzender)
Kempen, Heinrich
Landsturmmann; Mitglied des ASR (Hauptausschuss); Chef des Si-
cherheitsdienstes
Kieviet, Tönjes
Gemeindevorsteher von Borkum
Klasen, Dr. Heinrich
Justizrat; Rechtsanwalt und Notar; Mitglied des BVK ab März 1919;
Bürgerworthalter bis August 1919
Kleine, Dr. Ludwig
Landrat
Kromminga, Ludwig
Rendant der Leerer Genossenschaftsbank; Mitglied des BVK ab März
1919

Kromminga, Peter
Eisenbahnassistent; Mitglied des BVK ab März 1919
Kuhnt, Bernhard
Obermatrose; Vorsitzender des 21er-Ausschusses des ASR der Nord-
seestation (Wilhelmshaven); Präsident der am 10. November 1918
ausgerufenen sozialistischen Republik Oldenburg-Ostfriesland; USPD
Leo
Major; Garnisonsältester
Loeven
Major; im September 1915 Kommandant des Landsturm-Infante-
rie-Ersatzbataillons Leer X/23
Lankenau, Friedrich
Kaufmann; Vorstand des Bürgerausschusses; Gründungsmitglied der
DDP; Mitglied des BVK ab März 1919
Mammen, Johann
Tischler; Mitglied des BVK ab März 1919
Mansholt, Klaas
Thedinga Vorwerk; Obmann für den Bezirksbauern- und Landarbei-
terrat
Martini, Reinhard
Malermeister; bürgerlicher Vertrauensmann im ASR; Vertreter des
ASR bei den Sitzungen der städtischen Kollegien; Gründungsmitglied
der DDP; Mitglied des BVK ab März 1919
Matthies, Theodor
Kaufmann; Mitglied des ASR (Hauptausschuss); Rechnungsführer des
ASR
Onkes, Adolf C.
Kaufmann; Mitglied des BVK bis März 1919
Ophuysen, Theodor van
Stadtsekretär; Vorstand des Bürgerausschusses
Pinkpank
Soldat; im Februar und März im Hauptausschuss des ASR
Polodzek
Unteroffizier; Mitglied des ASR (Hauptausschuss)

Rademacher, Gerhard
Breinermoor; Obmann für den Bezirksbauern- und Landarbeiterrat
Reddingius, Jaje
Postsekretär; bürgerlicher Vertrauensmann im ASR; Gründungsmit-
glied der DDP
Redeker, Auguste
Postassistentin; Mitglied des BVK ab März 1919
Reimers, Jacobus
Apotheker; Senator; Ehrenbürger der Stadt ab Februar 1919
Saalfelder
Feldwebel; Vorsitzender des Soldatenrats und 2. Vorsitzender des
ASR
Sanders, Diedrich
Malerobermeister; Mitglied des BVK; ab 1919 Senator; stellvertreten-
der Präsident der Handwerkskammer Aurich; DNVP
Schaub
Soldat; Mitglied des ASR
(möglicherweise Eduard Schaub, Autohändler)
Scheele, Louis
Eisenbahn-Inspektor; Mitglied des BVK bis März 1919
Schmitpott, Wilhelm
Ober-Steuersekretär; Mitglied des BVK; Vorstandsmitglied des Bür-
gerausschusses
Schneider, Emil
Studienrat; Vorstand des Bürgerausschusses
Schröder, Fr(iedrich)
Soldat; ab Januar im Hauptausschuss des ASR
Schürmann, Lukas
Kaufmann; Mitglied des BVK
Seedorf, Adolf
Studienrat; Vorstand des Bürgerausschusses; DVP
Seitz, Wilhelm
Emder Spartakist; hilft im Frühjahr 1919 beim Organisationsaufbau
der KPD in Leer

Stendel, Ernst
Amtsrichter; Mitbegründer des Bürgerausschusses; Mitbegründer der DVP in Ostfriesland; Mitglied der preußischen Landesversammlung und ab 1919 Abgeordneter im preußischen Landtag; nach dem Zweiten Weltkrieg Mitbegründer der CDU in Leer, Bürgermeister und Landrat

Terveen, Tebbe
Polizeiwachtmeister

Thiemann, Ludwig
Oberpostschaffner; Mitglied des BVK ab März 1919

Thien, Diedrich
Privatier; Mitglied des BVK bis März 1919

van Delden
Frau des Fabrikbesitzers Fritz van Delden (Friesische Kakao- und Schokoladenfabrik; Kaffee-Rösterei); Mitglied des BVK ab März 1919

Willms
hilft bei der Bildung des ASR in Weener
(vermutlich Enno Willms, Former)

Wolf, Joh.
Redakteur des Leerer Anzeigeblatts („Heimats- und Handelsteil"); Vorsitzender des Kriegsbeschädigten-Vereins; DDP-nahestehend

Wall, de Gerhard
Kaufmann; Mitglied des BVK bis März 1919

Zopfs, Dettmer Heinrich
Herausgeber und verantwortlicher Schriftleiter des Leerer Anzeigeblatts: Gründer des Bürgerausschusses; Mitglied des BVK ab März 1919; DDP-nahestehend

Zylmann, Peter
Oberlehrer (Professor); Mitbegründer des Bildungsvereins, DDP-nahestehend; später Vorsitzender des Heimatvereins

Die Mitglieder des Arbeiterrats (gewählt am 9. Novermber 1918)
Conrad Bruns (Vorsitzender), Hinderk Buß, Johann Boelsen, Poppe Bonk, Engelke Eimers, L. Gronewold, Rudolf Heyer, Hugo Himmelstoß, Theodor Matthies, Carl Fesenfeld (ab März 1919)

Die Mitglieder des Soldatenrats
Saalfelder (Vorsitzender), Kempen, Flitz, Pinkpank, Polodzek, Schaub, Schröder, Janet, Fesenfeld

Das Bürgervorsteher-Kollegium (BVK) nach der Wahl am 2. März 1919 (wiedergewählte Mitglieder kursiv):

Klasen	*Sanders*	L. Kromminga
Begemann	Adena	Becker
Boekhoff	Boelsen	*Brüning*
C. Bruns	H. Bruns	J. Bruns
Buß	*Cramer*	Degenaar
van Delden	Epkes	Freesemann
Gerdes	Gruis	Heyer
P. Kromminga	Lankenau	Mammen
Martini	Redeker	*Schmitpott*
Schürmann	Thiemann	Zopfs

Die bisherigen, ursprünglich auf Lebenszeit ernannten Senatoren Börner, Brouër, Garrels und Reimers bleiben im Amt, Heyer und Sanders werden vom BVK als Senatoren zusätzlich in den Magistrat gewählt.

Mitglieder des Kreis-Bauern- und Landarbeiterrats
Vorsitzender ist Karl Karels
Kreisbauernrat: Landwirte Klaas Mansholt (Thedinga Vorwerk); Gerhard Rademacher (Breinermoor); Huisinga (Rhaude); Fr. Kramer (Detern); W. de Riese (Filsum); Gastwirt Focke Immega (Hesel)
Kreislandarbeiterrat: Kolonist Frerich Schön (Neudorf); Klempner B. Michaelsen (Heisfelde); Maurergeselle Karl Karels (Folmhusen);

Maler Michaelsen (Rhaudermoor); Kolonist Harm Zwick (Ammersum); Maschinenhändler N. Janssen (Filsum)

Gemeinderat Loga (nach dem gemeinsamen Wahlvorschlag vom 13. Februar 1919)
Bäckermeister Hermann Becker
Former Loert Blank
Kaufmann Gerhard Boekhoff
Kaufmann Thomas Boekhoff
Fischer Klaus Brinkmann
Landwirt Harm Diekhoff
Kaufmann Gerd Gröttrup
Arbeiter Wilhelm Imsande
Heizer Siebrand Voß
Fischermeister J. de Vries
Graf von Wedel
Malermeister Reinhard Wilken

Wegen der Oster-Plünderungen verurteilte Personen aus Leer, Loga und Heisfelde, deren Urteile durch Gnadenerweis in Geldstrafen umgewandelt wurden:

aus **Leer** wg. Erpressung und Hausfriedensbruch verurteilt (max. sechs Wochen)
Arbeiter Heinrich Egberts, 44 Jahre
Arbeiter Harm Fischer, 45 Jahre
Arbeiter Johann Karstedt, 34 Jahre
Arbeiter Folkert Behrends, 34 Jahre

aus **Loga** (max. drei Wochen)
Arbeiter Loet Blank, 43 Jahre
Arbeiter Johann Schäfer, 37 Jahre
Maurer Siegfried Lengen, 40 Jahre
Arbeiter Friedrich Fuhlhage, 48 Jahre

Arbeiter Harm Penning, 37 Jahre
Arbeiter Johannes Niehuis, 37 Jahre
Hilfsschaffner Thoms Kampen, 34 Jahre

aus **Heisfelde** (max. 3 Wochen)
Arbeiter Talko Penning, 41 Jahre
Maurer Oltmann Kaan, 43 Jahre
Arbeiter Gerd Heibült, 44 Jahre
Arbeiter Tonjes Bonk, 51 Jahre
Arbeiter August Sauthoff, 43 Jahre
Ehefrau Tekla Sauthoff geb. Springfeld, 49 Jahre
Arbeiter Wilhelm Sollermann, 32 Jahre

Wahlergebnisse

Die Ergebnisse der Wahlen zur Nationalversammlung am 19.1.1919
und zur Wahl der Preußischen Landesversammlung am 26.1.1919 in
der Stadt und im Kreis Leer (in den Grenzen von 1919).
Alle Angaben in Prozent der abgegebenen Stimmen.

Wahl zur Nationalversammlung							
	SPD	DDP	DVP	Zen-trum	DNVP	USPD	Hanno-ver
Dt. Reich	37,9	18,8	4,4	19,7	10,3	7,6	2,5
Wahlkreis	28,0	24,5	12,9	25,3	2,3	4,3	0,2
Reg.-Bez.	34,6	33,1	17,5	2,8	6,9	4,9	0,2
Kreis Leer	33,5	31,9	19,6	5,5	8,4	1,1	0,1
Stadt Leer	35,7	32,4	19,1	7,2	5,2	0,1	0,2

Wahl zur Nationalversammlung in den Leeraner Wahlbezirken							
Wahllokal	SPD	DDP	DVP	Zen-trum	DNVP	USPD	Hanno-ver
Altes Gymnasium, Königstraße	31,1	32,8	17,1	11,8	6,9	0	0,3
Gasthof Walhalla, Wilhelmstraße	28,6	30,9	24,6	8,3	6,9	0,3	0,5
Rathaus	42,2	26,8	17,8	5,2	7,6	0,3	0,1
Luth. Mädchenschule, Ostersteg	58,8	25,7	19,7	3,3	0,5	0	0
Zentralhotel, Mühlenstraße	41,4	37,4	13,9	4,1	3,1	0	0
Gasthof Fischer, Wörde	15,5	41,0	29,6	8,6	5,3	0	0
Hotel Union, Osterstraße	34,2	36,5	17,0	6,9	5,4	0	0
Bahnhofshotel	54,9	24,2	10,2	6,9	3,1	0	0,7

Wahlen zur Nationalversammlung in den Gemeinden des Kreises Leer							
Ort	SPD	DVP	Zen-trum	DDP	DNVP	USPD	Han-nover
Kreis Leer	33,4	19,6	5,9	31,9	8,4	1,1	0,1
Leer	35,8	19,1	7,2	32,4	5,2	0,1	0,3
Amdorf	0,7	31,9	0	39,8	27,5	0	0
Ammersum	42,1	16,7	0	20,6	20,6	0	0
Backe-moor	6,2	21,8	0	40,2	31,8	0	0
Breiner-moor	7,2	13,1	0	37,3	42,5	0	0
Brinkum	15,5	52,2	0	26,1	6,4	0	0
Burlage	23,6	4,4	70,0	0,7	0	1,4	0
Bühren	5,6	10,0	0	84,4	0	0	0
Colling-horst	44,2	11,2	0	37,3	7,1	0,2	0
Detern u. Barge	37,8	30,5	0,8	30,5	0,6	0	0
Driever	6,7	57,2	0	27,6	6,7	1,9	0
Esklum	19,2	29,5	0	28,8	22,4	0	0
Filsum	10,5	9,9	0	48,9	30,4	0,3	0
Firrel	4,1	59,1	0	36,8	0	0	0
Flachs-meer	53,0	8,7	12,2	22,1	3,9	0,2	0
Folmhu-sen	14,8	25,7	0	43,2	10,4	6,1	0
Groß- u. Klein-Oldend.	22,7	13,8	0	30,2	33,0	0	0
Groß- u. Klein-Sander	0,7	18,4	0	76,1	4,9	0	0
Großwol-de	37,5	28,0	7,8	19,8	6,3	0,6	0
Grote-gaste	2,9	75,0	0	12,5	6,7	0,9	0
Heisfel-de	53,7	12,8	1,3	26,2	5,8	0,4	5,5
Hesel	7,7	24,8	0	57,2	9,4	0,9	0
Hohegas-te	6,3	22,9	0	25,0	45,8	0	0
Hollen	26,5	29,6	0	43,5	0,4	0	0
Holte	24,5	17,0	0	31,0	27,5	0	0

Holter-fehn-Holtermoor	44,1	27,3	0	24,0	4,6	0	0
Holtland	16,2	50,8	0,5	25,1	7,4	0	0
Ihren	46,1	28,3	3,8	16,6	3,3	2,0	0
Ihrhove	20,9	27,5	0,2	47,8	2,9	0,6	0
Jübberde	14,0	40,7	0	42,7	2,7	0	0
Kloster-moor II	20,9	0	54,8	17,7	6,5	0	0
Lam-merts-fehn	16,6	3	0	62,3	19,2	0	0
Langholt	26,1	0,4	55,2	8,7	9,6	0	0
Leerort	60,4	9,9	4,4	15,4	9,9	0	0
Loga	47,3	9,1	1,7	27,6	14,4	0	0
Logab-irum	35,0	9,5	0,7	32,9	22,6	0	0
Meiners-fehn/Stapel	19,5	21,9	0	56,1	2,4	0	0
Mitling-Mark	9,5	11,9	0	23,0	55,6	0	0
Neermoor	38,8	10,6	0,2	36,3	12,1	2,0	0
Nettel-burg	1,9	27,8	3,7	14,8	51,9	0	0
Neudorf	60,7	11,2	0	23,6	4,5	0	0
Neuemoor	16,3	13,3	0	37,8	32,7	0	0
Neufir-rel	21,6	37,8	0	40,5	0	0	0
Nordge-orgsfehn	44,9	33,3	0	16,9	0	0	0
Nortmoor	3,5	42,5	0	26,4	7,2	10,3	0
Nütter-moor	10,4	47,8	0	20,9	20,9	0	0
Olt-manns-fehn	11,0	28,8	1,7	58,3	0	0	0
Ostrhau-derfehn	60,8	4,9	11,6	18,8	2,3	1,5	0
Poghau-sen und Spols	5,8	10,7	0	65,0	18,5	0	0
Potshau-sen	7,8	11,0	0	33,1	48,2	0	0
Remels	22,6	9,5	0	58,7	8,3	0,9	0

Rhaude	19,3	42,1	0	26,3	12,3	0	0
Rhauder-moor	41,1	12,1	2,4	41,2	2,4	0,5	0
Schatte-burg	3,3	41	0	36,1	19,7	0	0
Schwer-insdorf	15,8	27,2	0	55,9	1,1	0	0
Selverde	27,0	6,0	0	57,0	10,0	0	0
Steen-felde	39,4	9,9	2,2	39,2	7,2	2,2	0
Stiekel-kamper-fehn	22,2	36,5	0	31,7	9,5	0	0
Südge-orgsfehn	20,1	45,2	0	34,7	0	0	0
Terborg	27,5	2,9	0	27,5	42,0	0	0
Velde-Stick-hausen	15,9	25,9	0	56,1	1,3	0,8	0
Veenhu-sen	59,2	20,9	0	17,4	1,3	1,3	0
Völlen	36,3	27,8	15,3	15,6	3,9	1,1	0
War-sings-fehn	39,2	6,9	0	26,3	13,6	13,9	0
Westrhau derfehn	37,2	9,1	17,6	28,7	6,8	0,6	0

Wahlsieger in den Gemeinden

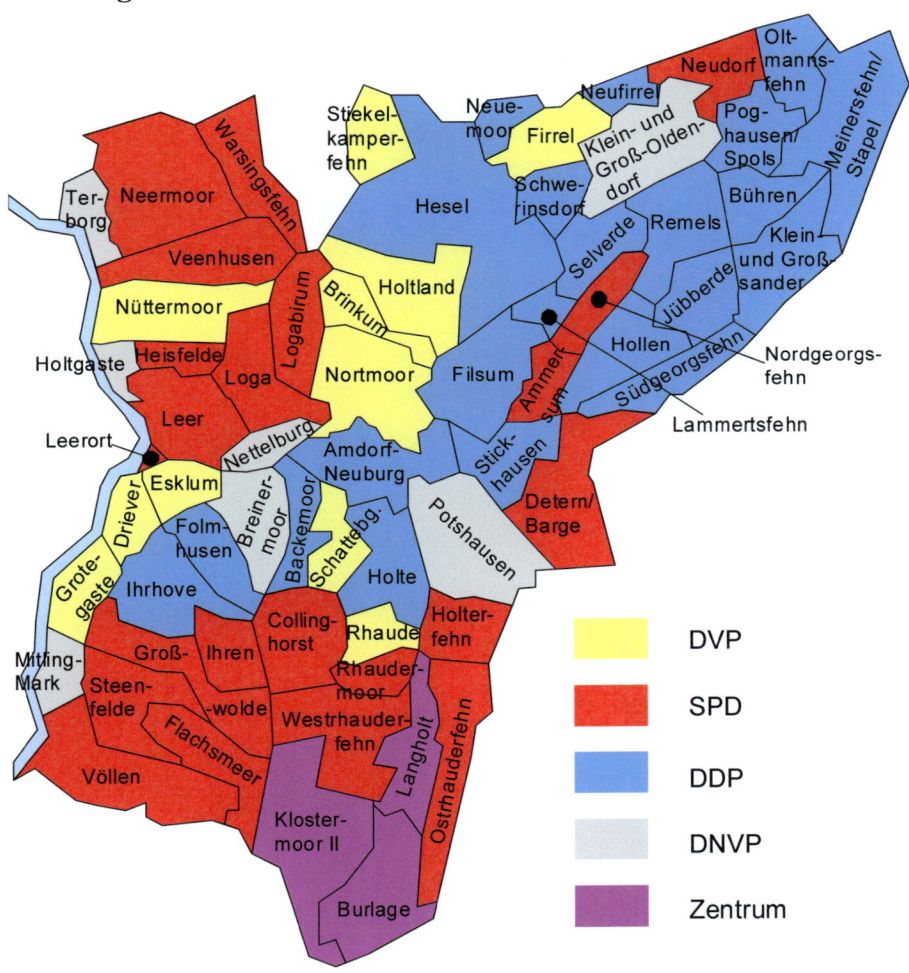

🟨	DVP
🟥	SPD
🟦	DDP
⬜	DNVP
🟪	Zentrum

Anzahl der „gewonnenen" Gemeinden

DDP	23
SPD	21
DVP	11
DNVP	7
Zentrum	3

Hochburgen der Parteien
(absolute Mehrheiten bzw. die drei höchsten Ergebnisse)

DNVP   Mitling-Mark (55,6%), Nettelburg (51,9%), Potshausen (48,2%)

DDP   Lammertsfehn (62,3%), Meinersfehn (56,1%), Oltmannsfehn (58,3%), Poghausen (65,0%), Remels (58,7%), Schwerinsdorf (55,9%), Selverde (57,0), Bühren (84,4%), Großsander (76,1%), Hesel (57,2%)

SPD   Flachsmeer (53%), Heisfelde (53,7%), Leerort (60,4%), Neudorf (60,7%), Ostrhauderfehn (60,8%), Veenhusen (59,2%)

DVP   Brinkum (52,2%), Driever (57,2%), Firrel (59,1%), Grotegaste (75%), Holtland (50,8%)

Zentrum Burlage (70,0%), Klostermoor II (54,8%), Langholt (55,2%)

USPD   Warsingsfehn (13,9%), Nortmoor (10,3%), Folmhusen (6,1%)

Wahl zur Preußischen Landesversammlung						
	SPD	DDP	DVP	Zen-trum	DNVP	Hanno-ver
Stadt Leer	37,9	18,8	4,4	19,7	10,3	2,5
Kreis Leer	28	24,5	12,9	25,3	2,3	0,2

Wahl zur Landesversammlung in den Leeraner Wahlbezirken						
Wahllokale	SPD	DDP	DVP	Zen-trum	DNVP	Hanno-ver
Altes Gymnasium, Königsstraße	30,3	33,2	17,8	12,6	6,0	0
Gasthof Walhalla, Wilhelmstraße	27,8	32,2	21,7	10,2	6,8	1,2
Rathaus	42,0	28,9	15,6	5,8	7,2	0,5
Luth. Mädchenschu-le, Ostersteg	49,8	26,9	16,4	4,6	2,3	0
Zentralhotel, Müh-lenstraße	40,8	35,4	16,4	4,1	3,1	0,3
Gasthof Fischer, Wörde	14,4	50,5	17,9	10,7	6,6	0
Hotel Union, Osterstraße	32,0	36,9	17,4	8,0	5,8	0
Bahnhofshotel	57,5	23,2	9,8	7,7	1,7	0

Literaturverzeichnis

1. Ungedruckte Quellen

STADTARCHIV LEER

Verkehr mit dem Arbeiter- und Soldatenrat – Akte Nr. 1176.
Protokollbuch des Bürgervorsteherkollegiums 19.7.1918 -
25.4.1924. – Akte 120/44, Film Nr. 30.
Kriegseinwirkungen auf das Wirtschaftsleben, Akte Nr. 229 b

NIEDERSÄCHSISCHES STAATSARCHIV AURICH

Rep 21 a (Königliche Regierung zu Aurich), 304, 305 – Unruhe bei
der Lebensmittelversorgung 1919 - 1923
Rep 21 a, 8208, 8819, 9574 – Arbeiter-, Soldaten- und Bauernräte
Rep 21 a, 9681, 9682 – Sonderzuweisungen an Rüstungsarbeiter
und Statistik über die vorhandenen Industrieschwerst- und Schwer-
arbeiter
Reg 109 (Staatsanwaltschaft Aurich), C 8, C 9, C 11 – Strafsache
gegen Graventein und Gen. wegen Landfriedensbruchs

HELMS, Emil (o. J.): Lebenserinnerungen. Typoskript. Nachlaß Helms
1. Archiv der Hansestadt Lübeck.

ZYLMANN, Peter (o. J.): Lebenserinnerungen. Typoskript. Nachlaß
H. Böckmann. Archiv des Heimatvereins Leer.

2. Gedruckte Quellen

ADRESSBUCH der Stadt Leer, Jahrgänge 1908, 1912, 1921, 1950. Stadtarchiv Leer, Archiv des Heimatmuseums Leer.

ALLGEMEINER KONGRESS der Arbeiter- und Soldatenräte Deutschlands.
Vom 16. bis 21. Dezember im Abgeordnetenhaus zu Berlin. Berlin 1919.

RANGLISTE der Königlich Preußischen Armee und des XIII. (Königlich
Württembergischen) Armeekorps für 1914. Berlin. 1914.

EHREN-RANGLISTE des ehemaligen Deutschen Heeres. Hrsg. v. Deutschen Offizier-Bund. Berlin 1926. Neudruck Osnabrück 1987. Mit
einer Einführung von Friedrich-Christian Stahl.

3. Zeitungen

ALLGEMEINER ANZEIGER, Leer, Jahrgänge 1918 und 1919. Stadtarchiv
Leer

LEERER ANZEIGEBLATT, Leer, Jahrgänge 1918 und 1919. Archiv der
Ostfriesen-Zeitung, Leer, und Stadtarchiv Leer

4. Literatur

ADAMS, Heinz: Geschichte der Stadt Emden als Garnisonsstadt. o. O.,
o. J. [Emden 1982].

BACKHAUS, Edith: Die Reichstagswahlen in den Kreisen Leer und
Weener von 1919 - 1933. Schriftliche Hausarbeit zur Prüfung für
das Lehramt an Realschulen. 2 Bd. Oldenburg 1977.

BIELENSKI, Sabine/BRANDT, Helga/GRUBER, Monika/HAASE, Cle-
mens/KRENKEL, Karin: Vom Kaiserreich zur Republik – 1918/19.
Die Novemberrevolution in Leer. Beitrag zum Schülerwettbewerb
„Deutsche Geschichte" um den Preis des Bundespräsidenten 1975.
Unveröffentlichtes Manuskript. Stadtarchiv Leer.

BOEKHOFF, Günther: Das Rathaus im Auf und Ab der Geschichte. –
Stadt Leer, Hrsg.: 100 Jahre Rathaus Leer, 1894 - 1994. Leer
1994: 6-9.

BUTTJER, Bernd: Leeraner Juden vor Gericht. – Herbert Reyer u. Mar-
tin Tielke (Hg.): Frisia Judaica. Beiträge zur Geschichte der Juden
in Ostfriesland. Aurich 1988: 235-262.

CANZLER, Gerhard: Altes Handwerk in Ostfriesland. Aurich 1995.

CANZLER, Gerhard: Leer um 1900. Aurich 1996.

CLAUDI, Reinhard: 1918: Emden unter der roten Fahne! Emden. –
Stadtgeschichten. Emden 1495-1595-1995. Hrsg. von Reinhard
Claudi. Emden 1995.

DAHRENDORF, Rolf: Gesellschaft und Politik in Deutschland. 4. Auflage. München 1975.

DEETERS, Walter: Kleine Geschichte Ostfrieslands. Leer 1985.

EBELING, Fritz: Geschichte des Infanterie-Regiments Herzog Friedrich
Wilhelm von Braunschweig (Ostfriesisches) Nr. 78 im Weltkriege.
Erinnerungsblätter Preußen Bd. 119. Oldenburg 1924.

EBELING, Rudolf A.: Familiennamen im Landkreis Leer um 1940. Teil I Namensverzeichnis. Groningen/Aurich 1979.

EDEN, Hans-Bernhard: Die Einwohnerwehren Ostfrieslands von 1919 bis 1921. – Emder Jahrbuch. Aurich 1985: 81-134.

EIMERS, Enno: Leer 150 Jahre Stadtrechte. o. S. Halen o. J. [1973].

EIMERS, Enno: Leer unter dem Arbeiter- und Soldatenrat. – Ostfriesland. Zeitschrift für Kultur, Wirtschaft und Verkehr. 1973/3. Aurich: 15-19 (der Beitrag ist ein Auszug aus Eimers o.J.).

EIMERS, Enno: Kleine Geschichte der Stadt Leer. Leer 1993.

EIMERS, Enno: Von der Gründung bis zur Weimarer Republik. – 150 Jahre TGG 1849-1999. Festschrift zum 150jährigen Bestehen des Teletta-Groß-Gymnasium Leer. Leer 1999.

ENGELMANN, Bernt: Vorwärts und nicht vergessen. Vom verfolgten Geheimbund zur Kanzlerpartei. Wege und Irrwege der deutschen Sozialdemokratie. München 1984.

ERDMANN, Karl Dietrich: Der Erste Weltkrieg. Gebhardt, Handbuch der deutschen Geschichte, Band 18, Stuttgart 1973.

ERDMANN, Karl Dietrich: Die Weimarer Republik. Gebhardt, Handbuch der deutschen Geschichte, Band 19, Stuttgart 1973.

FIKS, Norbert: 125 Jahre Ostfriesische Volksbank eG. Ein geschichtlicher Abriß. Hrsg. Ostfriesische Volksbank eG. Leer 1994.

FISCHER, Fritz: Griff nach der Weltmacht. Die Kriegszielpolitik des kaiserlichen Deutschlands 1914/18. Nachdruck der Sonderausgabe 1967. Düsseldorf 1984.

GÜNTHER, Wolfgang: Die Revolution von 1918/19 in Oldenburg. Oldenburger Studien Band 18. Oldenburg 1979.

HEIN, Remmer: Der Reichstagsabgeordnete Hermann Tempel. Leer 1988.

KLUGE, Ulrich: Quellen zur Geschichte der Rätebewegung 1918/19 in Archiven des Bundesgebiets. – Internationale wissenschaftliche Korrespondenz zur Geschichte der deutschen Arbeiterbewegung, Heft 8, Juni 1969: 12-20, und Heft 11/12, April 1971: 39-46.

KLUGE, Ulrich: Soldatenräte und Revolution. Studien zur Militärpolitik in Deutschland 1918/19. Göttingen 1975.

KLUGE, Ulrich: Die deutsche Revolution 1918/1919. Frankfurt 1985.

KLUGE, Ulrich: Militärrevolte und Staatsumsturz. Ausbreitung und Konsolidierung der Räteorganisation im rheinisch-westfälischen Industriegebiet. – Arbeiter- und Soldatenräte im rheinisch-westfälischen Industriegebiet. Studien zur Geschichte der Revolution 1918/19. Hrsg. von Reinhard Rürup. Wuppertal 1995: 39-82.

KOLB, Eberhard: Die Arbeiterräte in der deutschen Innenpolitik 1918-1919. Beiträge zur Geschichte des Parlamentarismus und der politischen Parteien. Bd 23. Düsseldorf 1962.

KORTE, Wilhelm: Die Geschichte der Garnison der Kreisstadt Leer. - Deichwart 1963: 87.

KRAFT, Emil: 80 Jahre Arbeiterbewegung zwischen Meer und Moor. Ein Beitrag zur Geschichte der politischen Bewegungen in Weser-Ems. Wilhelmshaven 1952.

LEERHOFF, Heiko: Von der Stadterhebung 1823 bis zur Gebietsreform. – Leer. Gestern. Heute. Morgen. Hrsg. von der Stadt Leer. Leer 1973: 65-100.

LINDNER: Das städtische Oberlyzeum in Leer. – Kreisausschuß des Kreises Leer: Der Kreis Leer (Ostfriesland). Ein Beitrag zur Heimatkunde. Kiel 1932. Unveränderter Nachdruck Leer 1976: 86-87.

MAI, Gunther: Das Ende des Kaiserreichs. Politik und Kriegsführung im Ersten Weltkrieg. München 1987.

MANN, Golo: Deutsche Geschichte 1919-1945. Fischer Taschenbuch 6196. Überarbeitete Ausgabe. Frankfurt/M. 1973.

Meyers Lexikon: Siebente Auflage. Leipzig 1927.

MOMMSEN, Hans: Die verspielte Freiheit. Der Weg der Republik von Weimar in den Untergang 1918 bis 1933. Studienausgabe. Frankfurt/Berlin 1990.

MILDE, Horst (Hrsg.): Hermann Tempel 1889 - 1944. Eine Dokumentation aus dem literarischen Nachlaß. Leer 1980.

MOHR, Eike: Heeres- und Truppengeschichte des Deutsches Reiches und seiner Länder 1806 bis 1918. Eine Bibliographie. Osnabrück 1989.

MÜLLER, Helmut M.: Schlaglichter deutscher Geschichte. Bonn 1990.

MUTH, Heinrich: Die Entstehung der Bauern- und Landarbeiterräte im November 1918 und die Politik des Bundes der Landwirte. – Vierteljahreshefte für Zeitgeschichte. 21 Jg., 1973, 1. Heft: 1-30.

NASSUA, Rudolf: Alle Macht den Räten: Arbeiterräte, Bauern- und Landarbeiterräte, Soldatenräte in Ostfriesland 1918 bis 1919. Aurich 2007.

NEUMANN, Sigmund: Die Parteien der Weimarer Republik. Zweite Auflage. Stuttgart 1970 (Originalausgabe Berlin 1932).

NORDBECK, Wilhelm: Erlebnisse eines Pfarrers aus 36jähriger Dienstzeit oder Die Aufhebung der Pfarrstelle in Landschaftspolder. Ein Stück Kirchengeschichte Ostfrieslands aus der Revolutionszeit von Philalethes (= Pastor Dr. Wilhelm Nordbeck). Göttingen 1926.

PLADIES, Sigrid: Funktion und Bedeutung des Emder Arbeiter- und Soldatenrates von November 1918 bis Februar 1919. Wissenschaftliche Arbeit zur Prüfung für das Lehramt an Realschulen im Fach Geschichte. o. O. [Oldenburg] 1967.

PÖTZSCH, Stefan: Quellen zur Geschichte der Arbeiterbewegung im Niedersächischen Staatsarchiv Aurich. – Internationale wissenschaftliche Korrespondenz zur Geschichte der deutschen Arbeiterbewegung, Heft 2, Juni 1974: 211-218.

PÖTZSCH, Stefan: Die Bürgermeister von Leer: Emil Helms (1917-1920). – Unser Ostfriesland 1995, Nr. 23, S. 91. Beilage zur Ostfriesen-Zeitung vom 14.12.1995.

REEKEN, Dietmar von: Heimatbewegung, Kulturpolitik und Nationalsozialismus. Die Geschichte der „Ostfriesischen Landschaft" 1918-1949. Aurich 1996.

RIESS, Jürgen: Historische Entwicklung der kommunalen Selbstverwaltung. – Wolfgang Pohl u. a. (Hrsg.): Handbuch für alternative Kommunalpolitik. Bielefeld 1985: 19-28.

ROBRA, Günther: Aus der Geschichte der örtlichen Verwaltung und ihrer Amtsgebäude. – Stadt Leer, Hrsg.: 100 Jahre Rathaus Leer, 1894-1994. Leer 1994: 11-35.

ROSENBERG, Arthur: Die Entstehung der deutschen Republik. Berlin 1928.

ROSENBERG, Arthur: Geschichte der Weimarer Republik. Hrsg. von Kurt Kersten. München 1991.

RÜRUP, Reinhard: Einleitung. – Arbeiter- und Soldatenräte im rheinisch-westfälischen Industriegebiet. Studien zur Geschichte der Revolution 1918/19. Hrsg. von Reinhard Rürup. Wuppertal 1975: 7-38.

SCHMIDT, Ernst-Heinrich: Heimatheer und Revolution 1918. Die militärische Gewalt im Heimatgebiet zwischen Oktoberreform und Novemberrevolution. Stuttgart 1981.

SCHMIDT, Heinrich: Politische Geschichte Ostfrieslands. – Ostfriesland im Schutze des Deiches, Bd. V. Leer 1975.

SIEFKES, Wilhelmine: Erinnerungen. Leer 1979.

SIELMANN, Dirk/SCHMIDT, Holger (1984): Die Weimarer Republik. Der Arbeiter- und Soldatenrat in Leer. Schulreferat. Unveröffentlichtes Manuskript. Leer 1984. Stadtarchiv Leer.

SIEMSEN, August: Preussen. Die Gefahr Europas. Druck nach der Ausgabe Paris 1937 [1981].

TESSIN, Georg: Deutsche Verbände und Truppen 1918 -1939. Osnabrück 1974.

TEUBER, Walter: Jüdische Viehhändler in Ostfriesland und im nördlichen Emsland 1871-1942. Cloppenburg 1995.

TORMIN, Walter: Die Weimarer Republik. Hannover 1973.

Ullrich, Volker: Die verratene Revolution. – Die Zeit 45/1995 vom 3.11.1995, Hamburg: 22.

UPHOFF, Rolf: Brot, Frieden, Ruhe – Demokratie. 1918: Novemberrevolution in Ostfriesland. – Ostfriesland-Magazin 11/1998, Norden: 81-85

WAGNER, Günther: Warburg unter der Herrschaft des Arbeiter- und Soldatenrates. Eine lokalgeschichtliche Studie zur deutschen Revolution von 1918/19. Marburg/Wetter 1985 (Selbstverlag).

WINKLER, Heinrich A.: Von der Revolution zur Stabilisierung. Arbeiter und Arbeiterbewegung in der Weimarer Republik 1918 bis 1924. 2., völlig durchgesehene und korrigierte Auflage. Berlin/Bonn 1985.

WINKLER, Heinrich A.: Weimar 1918-1933. München 1993.
WOHLFEIL, Rainer/DOLLINGER, Hans: Die deutsche Reichswehr. Bilder, Texte, Dokumente. Zur Geschichte des Hunderttausend-Mann-Heeres 1919-1933. Wiesbaden 1977.
ZENZ, Emil: Chronik der Stadt Trier. 2000 Jahre in Daten, Berichten, Bildern. Trier 1985.

Die Abbildung auf Seite 21 hat das Stadtarchiv Leer zur Verfügung gestellt.

Als die Römer um die Zeitenwende versuchten, das rechtsrheinische Germanien unter ihre Kontrolle zu bringen, gehörte das heutige Ostfriesland zu ihrem Operationsgebiet. Die Ems diente ihnen nach der Varusschlacht als Einfallstor zu den Brennpunkten des Konflikts mit den Germanen im Binnenland zwischen Lippe und mittlerer Weser. Die Küstenregion der südlichen Nordsee spielte allerdings für die Römer nur als Durchmarschgebiet eine Rolle. Auf ostfriesischem Boden wurden keine Schlachten geschlagen oder Entscheidungen von historischer Tragweite gefällt.

Norbert Fiks
Die Römer in Ostfriesland
Literarische und archäologische
Spuren aus der Zeit der Varusschlacht
E-Book
Books on Demand
ISBN-13: 9783734764813
3,49 €